PACT 총서 시리즈 II

끓는 지구 살리기, 내일을 바꿀 기후행동

나경원이 묻고 31인이 답하다

김용건 · 신각수 · 심상민 · 유연철 · 이경희 · 임은정 · 정서용

박영사

위기의 대한민국, 기회와 희망의 대한민국으로

대한민국이 직면한 인구와 기후위기 그리고 기술패권시대를 맞은 글로벌 경쟁의 격랑 속에서 내일의 생존과 지속 가능한 번영을 걱정하는 많은 분들과 뜻을 모아 사단법인 인구와기후그리고내일(PACT)이 출범한 지 1년이 되었습니다. PACT는 '인구', '기후', '과학기술' 세 가지 주제와 관련하여 최고의 전문가들이 함께 정책대안을 연구, 개발하고 입법과 정책에 반영하는 비영리 최고 권위의 민간 싱크탱크를 지향해 나갈 것임을 선언하였습니다.

창립 이후 인구와 기후 그리고 과학기술의 미래 대응과 전략에 대한 8차례의 라운드테이블과 3차례의 포럼을 통하여 전문가들의 열띤 토론이 진행되었습니다. 이러한 결과를 토대로 31인의 전문가들이 PACT 창립 1주년에 맞춰 세 가지 주제에 관한 책자를 발간하기로 하고 지난 반년간의 집필 과정을 거쳐 드디어 세 권의 책을 동시에 발간하게 되었습니다.

책의 부제에서 알 수 있듯이 이사장인 제가 주제별 화두를 질문의 형태로 분야별 전문가에게 제시하였습니다. 인구 분야 9명, 기후 분야

7명, 과학기술 분야 16명의 전문가들이 다양한 주제들에 대하여 독자 누구나 쉽게 읽고 이해할 수 있도록 답을 내주었습니다.

미국에서는 전문가들로 구성된 헤리티지 재단과 같은 싱크탱크가 활발하게 입법, 정부 정책 과정에 참여하여 입법과 정책의 전문성과 타당성을 높이고 있습니다. 반면에 우리나라는 몇몇 국책 연구기관들을 제외하고는 비영리 민간법인의 형태로 제대로 된 싱크탱크를 찾기 어려운 안타까운 현실입니다. PACT는 이번 출간을 시작으로 입법, 정책 지향의 연구 성과물을 주기적으로 출간하여 우리 사회에 닥치는 여러 위기와 과제에 대한 진단과 해법을 제시해 나가고자 합니다.

세 가지 주제는 그 내용을 달리하지만 하나같이 대한민국의 오늘과 미래, 우리나라 국민 한 사람 한 사람의 삶과 직결된 사활적 이슈들입니다. 아울러 각 주제의 원인, 결과, 해법은 서로 긴밀하게 연결되어 있습니다. PACT가 한 가지 주제도 어려운데 세 가지 주제를 동시에 사단법인의 핵심 연구 분야로 야심차게 정한 이유이기도 합니다. 한정된 주제에 관한 연구 개발 대신 세 가지 주제를 상호 연결하여 종합적으로 다룸으로써 보다 체계적인 접근이 가능함을 향후 연구와 입법, 정책 대안 개발 활동을 통해 보여드리고자 합니다.

많은 사람들이 100년 후 대한민국의 존속과 인류 생존 터전인 지구의 지속성에 대해 의문을 표시하고 대응책 마련에 부심하고 있습니다. 사실 우리는 오늘의 대전환 없이 내일을 말할 수 없는 절박한 상황에 놓여 있습니다. 우리가 놓치고 있는 문제의 원인은 무엇이며, 원인에 대한 진단이 잘못되었다면 그 오진의 이유는 무엇인지 규명해 나가 겠습니다. 천문학적인 투자에도 불구하고 왜 정책의 효과가 제한적인지, 그렇다면 어떤 패러다임의 전환이 필요한지 깊이 성찰하고 따져봐야 합니다. 우리가 겪고 있는 위기는 실존적 위기인 만큼 개개인의 자발적 결단뿐 아니라 세대와 세대, 개인과 사회간의 사회적 협약 체결, 바람직한 행동의 유인 등 여러 접근의 조화로운 배합이 필요합니다. 실존적 위기 상황이 임계점에 이르러 속수무책으로 파국을 맞이하지 않도록 하는 총체적 노력이 필요함을 우리 사회에 일깨우고 그 해결 방향과 전략을 연구해 나가고자 합니다.

국민 개개인은 보호받거나 혜택을 받는 수동적인 자세에서 벗어나 적극적으로 문제를 해결하는 주체로 나서는 국민 이니셔티브가 필요합니다. PACT는 이러한 국민의 주도적 참여를 함양하는 데도 각별한 관심을 갖도록 하겠습니다.

우리는 지난 수천 년의 역사를 통하여 숱한 위기를 극복하고 오늘에 이르렀습니다. 우리 국민은 지금의 위기를 가장 대한민국다운 방식으로 헤쳐나가고, 오히려 기회로 바꾸어 나갈 수 있는 뛰어난 역량을 가지고 있습니다. 이를 위하여 국가 차원에서 인구와 기후 위기, 과학기술 경쟁의 격랑에서 지금 대전환 없이는 내일 살아남을 수 없다는 절박한 심정으로 철저한 패러다임 혁신이 필요함을 다시 한 번 강조합니다.

끝으로 각 분야에서 연구와 강의 등으로 촌음을 아껴 쓰고 계신 여러 분야의 전문가분들께서 이번 저술에 기꺼이 시간을 내어주신 데

4

깊이 감사드립니다. 좌장으로서 책임 집필자의 역할을 맡아주신 인구 분야의 최인 교수님, 기후 분야의 신각수 전 외교부 차관님, 과학기술 분야의 신성철 전 KAIST 총장님께 특별한 감사를 드립니다. 여러 전문가가 함께 하는 책의 집필은 다양하고 폭넓은 지식을 집약할 수 있다는 장점에도 불구하고, 집필 방향과 내용 그리고 일정에 대한 세심한 조율이 필요합니다. 이러한 어려움에도 세 분 좌장께서 열정적으로 나서주셔서 처음 목표한 일정에 맞춰 모든 작업을 마무리할 수 있었습니다.

앞으로 PACT는 구체적이고 실천적인 대안을 연구하고 개발하는 일에 더욱 힘을 쏟고자 합니다. 대한민국이 지속가능한 공동체가 되고 G7을 넘어 G5로 진입하기 위해 정책 입안, 사회적 여론 환기, 국민 공감 확대, 후진 양성 등에도 노력할 것입니다. PACT는 22대 국회에서 창립한 국회포럼 인구와기후그리고내일과의 협업을 통하여 그 사명과 역할을 보다 효과적으로 수행할 것으로 기대합니다.

이번 세 권의 책이 인구, 기후, 과학기술이라는 국가 과제에 대한 우리 사회의 이해를 높이고 절박함에 대한 인식을 새롭게 하며, 국가와 사회, 개인 차원에서 어떤 노력과 공조가 필요한지를 성찰하고 실행으로 이어지는데 도움이 되길 기대합니다.

사단법인 인구와기후그리고내일(PACT) 이사장
국회의원 나경원

프롤로그 PROLOGUE

　　지구가 끓고 있다. 온실가스의 축적에 의한 기후온난화로 시작된 기후변화가 예상을 뛰어넘는 빠른 속도로 우리 삶 곳곳에서 다양한 위기를 촉발하는 기후위기로 바뀌고 있다. 지구 곳곳에서 폭염이 연일 역대 기록을 깨고 있고, 기록적 강우로 인한 홍수가 인명·재산 피해를 불러일으키고 있다. 태풍·사이클론·허리케인 열대성 저기압의 강도도 엄청 세져서 새로운 등급을 신설해야 한다는 소리가 나온다. 반면에 가뭄의 빈도와 강도가 심해져 물 부족으로 식량 생산에 차질을 빚고 잦은 산불로 대기를 크게 오염시키고 주거환경을 위협하고 있다. 히말라야와 알프스의 빙하가 기온 상승으로 녹아내려 자취를 감추고 있다. 북극과 남극의 얼음이 녹으면서 해수면이 높아져 고도가 낮은 해변이나 섬의 생존을 위협하고 있다. 기후변화로 인한 제트기류의 변화가 북반구에 혹한을 빈번히 몰아오고 있다. 이미 엄청난 지구 규모의 재난이 인류 삶과 안전을 위협하고 있으며, 빠른 속도로 악화될 위험이 크다.

　　인류의 생존을 위협하고 있는 기후변화 문제에 대한 국제사회의 노력은 30년 전에 시작되었다. 1992년 6월 브라질 리우데자네이루에서 개최된 유엔환경개발회의가 유엔 기후변화기본협약을 채택하면서다. 1994년 발효하여 현재 유엔회원국보다도 많은 198개 회원국이 가입한 보편적 조약으로 발전하였고, 매년 당사국총회를 통해 국제사회가 온실가스 감축과 기후변화에 적응하는 국제협력을 이끌어 내는 향도 역할을 수행하였다. 기후변화는 온실가스의 주축인 탄소 에너지의 사용을 줄여야 한다는 점에서, 산업 경쟁력에 직접 영향을 미치고 전환에 따른 부담도 상당하다. 따라서 기후변화에 효과적으로 대처하기 위한 범세계적 국제협력 체제를 구축하는 일은 매우 복잡하고 다양한 이해 그룹이 충돌하여 어려운 타협을 이끌어 내야 하는 교섭의 장이 되었다. 기후변화의 원인인 온실가스의 배출에 역사적 책임이 있는 선진국과 기후변화에 책임이 없지만 경제발전과정에서 배출이 늘고 있는 개도국 간에 '공동의 그러나 차별화된 부담 원칙(CBDR)'이 합의되었지만, 이행 방안을 둘러싸고 양측 간에 상당한 대립이 있다. 또한 감축과 적응 과정에서 산업, 전력, 농업, 축산업, 임업, 수송, 건축, 관광, 해운, 항공 등 광범위한 분야에 파급효과가 큰 만큼 정부와 민간의 긴밀한 민관 협력을 필요로 한다. 그리고 기후변화의 정확한 현상을 파악하고 영향을 분석할 뿐만 아니라 기후변화에 대응하고 녹색기술을 개발하는 데도 과학기술의 도움이 필요하다는 점에서 기술발전도 중요한 변수다. 이러한 제반 요소는 기후변화 대응이 국제사회가 종합적 관점에서 이용 가능한 모든 자원을 동원해 긴밀히 협력해야 하는 난제임을 의미한다.

이런 맥락에서 유엔 기후변화기본협약의 바탕 위에서 기후변화를 완화하기 위한 국제사회의 구체적인 온실가스 감축 노력은 1997년 채택되어 2005년 발효한 교토의정서를 통해 시도되었다. 의정서는 6개 온실가스의 세계 배출량의 55%를 차지하는 협약 부속서I 당사국인 41개 선진국·전환기경제 동구권 국가에만 배출 감축의무를 부과하여, 약속

기간인 1기(2008－2012년)와 2기(2013－2020년) 동안 각각 1990년 기준 5%, 18%를 감축하도록 규정하였다. 교토의정서는 온실가스 배출을 효과적·경제적으로 줄이기 위하여 청정개발체제, 공동이행제도, 배출권 거래제도와 같은 유연하고 실용적인 '교토 메카니즘'을 도입하였다. 교토의정서에 따른 12년간 이행실적은 1990년 대비 평균 22% 감축하였는데, 10개국이 30% 넘게 감축하였고, 7개국은 배출량이 늘어 이행하지 못하였다. 그러나 교토의정서에 따른 감축 실적보다는 경제성장에 따른 배출량이 더 빨리 증가하면서 기후변화는 훨씬 심각한 상태로 진행하였다. 특히 교토의정서의 감축 목표 자체가 낮은 데다 최대 배출국 가운데 중국과 인도는 아예 감축 의무 대상이 되지 않았고, 미국은 의정서에서 빠져 실질적인 감축 성과를 내지 못하였다. 그리하여 교토의정서는 획기적 환경협약이라는 초기 평가와 달리 기후변화 속도를 늦추는 데 실패하였다.

이에 따라 UNFCCC 당사국들은 2011년 더반 당사국총회에서 교토의정서를 넘어 모든 당사국들이 참여하는 포괄적 체제를 2015년까지 구축하기로 하였다. 오랜 교섭 끝에 2015년 파리 당사국총회에서 채택된 파리협정으로 대체되었다. 선진국과 동구권 국가에만 의무를 부과했던 교토의정서와 달리, 파리협정은 선후진국 구분 없이 모든 당사국이 자발적으로 결정한 감축 목표를 설정하고, 5년마다 이행성과를 점검하여 이를 토대로 감축 목표를 높여가는 '야심적 체제(ambition mecha－nism)' 방식을 채택하였다. 느슨한 형태의 아래로부터의 비구속적 감축이지만, 국제사회의 압력(peer pressure)을 통해 이행을 담보하고, 이행단계에서 구체적인 이행실적을 보여야 국제사회의 지원을 받을 수 있도록 하여 자발적으로 이행 의지를 높이고자 하였다. 그리고 배출량이 증가하는 개도국의 참여를 확보하기 위해 온실가스 감축뿐만 아니라 기후변화 적응에도 관심을 기울이도록 하고 개도국에 대한 재정·기술 지원을 약속하였다. 그리고 이런 노력을 통해 2100년까지 산업혁명 기준 지구 기온 상승을 2도로 억제하도록 온실가스 배출량을 줄이되, 훨씬 기후변화 영향이 커지는 경계인 1.5도 억제에 노력을 기울이기로 하였다. 파리협정은 2016년에 발효하였지만, 교토의정서가 제2차 공약으로 2020년까지 유효하였기 때문에, 당사국 합의로 발효시기를 2021년으로 미루어 사실상 2021년에 발효하였다. 현재 195개 국가와 지역기구가 가입한 보편조약으로 '기후변화 헌장'이라 할 수 있다. 2018년 협정이행을 위한 세부지침(파리규칙)이 마련되었고 2023년 28차 UAE 당사국총회에서 1차 성과점검회의가 개최되었다.

현재까지 파리협정의 이행실적은 1.5도 억제 목표 달성이 쉽지 않은 상황이며 기회의 창이 닫혀가고 있다. 1.5도로 억제하기 위해서는 2025년까지 온실가스 세계배출량이 정점에 도달해야 하며, 2030년까지 배출량을 43% 줄여야 한다. 현재 배출량 경로 추세를 보면 1.5도 억제 수준과는 커다란 격차가 존재하며, 현재 모든 기후행동을 실행하면 2.1-2.8도 상승할 것으로 예상하고 있다. 다만 세계경제의 87%에 해당하는 국가들이 탄소중립 약속을 하였고, 최근 중국의 배출량이 줄기 시작했다는 사실은 고무적이다. 2030년까지 신재생에너지 사용을 3배, 에너지 효율을 2배로 늘리면서, 화석연료 사용 억제, 배출감소 기술 개발, 자연배려 행동 촉진 등 다양한 이해당사자들의 노력이 이루어지면 불가능하지는 않다. 다만 11월 미국 대선에서 트럼프가 재선될 경우 상당한 타격이 예상된다는 점에서 지켜볼 필요가 있다.

이와 같이 기후변화는 인류의 생존을 위협하는 위기이며 이에 대처하기 위해서는 화석연료에서 탈피하여 녹색에너지로의 전환을 요구한다. 세계 10위권 경제로 무역 대외의존도가 높고 에너지 수입을 해외에 크게 의존하는 우리에게 기후변화 대응은 큰 위기이자 기회이다. 한국은 2023년 597.6메가톤을 배출하여 세계 9위 배출국이다. 에너지 소비가 많은 제조업 국가로 배출량이 큰 만큼, 산업계는 에너지 전환에 따른 에너지비용 상승의 부담이 크다. 우리 정부는 2015년 이래 감축 목표를 세 번에 걸쳐 수정하였으며, 2021년 12월 '2030년 감축 목표'를 2018년 대비 40%로 상향하여 436.5메가톤을 배출하도록 하였다. 이러한 야심찬 목표를 달성하는 데는 매우 어려운 과정이 기다리고 있다. 기후변화 대응에 필요한 모든 당사자, 정부, 기업, 소비자 등이 농구에서 올코트 프레싱처럼 혼연일체가 되어 녹색 생활, 녹색 성장, 녹색 소비를 실천함으로써 맡은 역할을 수행하여야 한다.

그러나 기후변화 대응을 꼭 부담이나 위기로만 생각할 필요는 없다. 우리가 이를 기회로 생각하여 목표를 이루게 되면 크게 세 가지 측면에서 우리에게 큰 이득을 가져올 것이기 때문이다. 첫째, 온실가스 감축에 필요한 에너지 전환은 우리 경제의 대외 에너지 의존도를 낮추어 지정학의 귀환으로 불안정해진 에너지 안보를 확보하는 데 진전을 가져올 수 있다. 기존의 에너지원인 석탄·석유·가스가 모두 해외에 전적으로 의존하고 있다는 점에서 녹색에너지로 전환할수록 우리 에너지 안보는 증대된다. 둘째, 우리 산업은 제조업 위주로 철강, 조선 등 에너지 소비가 큰 분야가 많다. 이제 에너지 전환과 디지털 전환을 가미한 녹색 기술과 녹색 산업을 통해 과거 중·후·장·대의 산업형태에서 경·박·단·소 형태로 패러다임을 전환하면서 성장 동력과 에너지 저소비형 산업을 창출해 내야 한다. 중국이 전기차, 풍력산업, 태양광 등에 과감한 투자와 R&D를 투입해 세계 제1의 경쟁력을 갖추게 된 점에 주목할 필요가 있다. 미중 대립으로 인한 중국 견제가 우리에게 시장 면에서 틈새를 허용하는 점을 활용할 필요가 있다. 인도가 프랑스와 함께 국제태양광동맹(International Solar Alliance)을 설립하여 국제사회의 태양광 관련 논의를 선도하고 있는 사실은 좋은 참고가 된다. 셋째, 한국은 세계에서 유일하게 개도국에서 선진국으로 발돋움하였다. 기후변화 대응에는 선진국과 개도국 간의 이해 대립이 첨예하다. 우리가 21세기 국제사회의 가장 큰 난제인 기후변화 대응에서 감축 실적에서 모범적 역할을 하고 개도국의 대응을 적극 지원하게 되면 선진국과 개도국의 교량역할을 통해 상당한 외교자산을 축적할 수 있다. 기후위기 대응에 있어서 우리의 선도적 역할은 글로벌 중추국가 실현에도 상당한 긍정적 효과가 예상된다.

국제사회의 온실가스 감축과 관련 선진국 중심으로 무역에서 감축 실적을 기초로 탄소세 부과, 투자에서 ESG 평가를 기초로 한 투자 제한, RE100과 같이 공급망 요건에 조건 부과 등 다양한 공적·사적 규제가 시행되고 있으며 앞으로 감축 실적과 기후변화 양상에 따라 더 도입되게 될 것이다. 발 빠른 대응이 오히려 비용을 절감하고 평판을 개선하는 이익도 거둘 수 있는 길이다. 산업과 에너지의 패러다임 전환이라는 거대한 물결을 빨리 탈수록 이득인 만큼 거국 체제로 수용하여야 한다. 이와 함께 에너지 소비를 줄이는 것도 중요한 만큼 에너지 사용을 효율화하는 노력도 병행하여야 한다. 동시에 기후변화를 포함한 환경문제에 관한 국민의식이 장기간에 걸쳐 효과를 낼 수 있는 만큼 교육에도 힘을 쏟아야 한다.

한국은 10여 년 전 일찌감치 기후변화 문제의 중대성을 인식하여 녹색 성장의 화두를 국제사회에 제시하고 국제기구를 창설하거나 유치하였다. 기후변화 대응을 위한 국제사회의 자금을 담당하는 녹색기후기금(GCF)을 유치하였고, 개도국의 기후변화 대응을 지원하는 글로벌녹색성장연구소(GGGI)를 설립하였다. 정권 변동으로 지속성을 확보하지 못한 점이 아쉽지만 여전히 한국의 역할 공간은 넓다. 기후위기는 이념으로 정치화되어서는 안 되는 초당적 과제이다. 그리고 에너지전환은 우리 경제와 산업의 패러다임을 바꾸는 문제라는 점에서 매우 중요한 국가 과제이다. 보수와 진보가 충돌하는 에너지 믹스와 관련 국익의 관점에서 탈탄소 에너지로서 신재생에너지와 원자력 에너지에 모두 주목하여 필요한 조치를 취해야 한다. 이를 통해 우리의 산업경쟁력을 유지하고 새로운 산업 분야를 개척하는 경제 효과를 얻어야 한다. 전기차, 2차전지, AI, 스마트 그리드, 해양풍력, 태양광발전 등이 수혜대상이다. 한편 개도국 지원문제에도 적극적인 자세를 견지하여야 한다. 녹색 개발원조를 대폭 늘려야 한다. 2024년 전년 대비 약 30%를 증액한 개발원조 사용에 기후변화 분야에 많은 배려가 필요하다. 아울러 파리협정 제6조에 따른 해외감축분을 포함한 감축 목표 달성이 불가피한 만큼 다양한 해외감축 사업에 효율적으로 관여하는 방안도 적극적으로 찾아야 할 것이다.

기후변화 대응은 패러다임 전환이라는 점에서 쉽지 않은 과제이다. 그러나 우리 대응이 늦고 부족할수록 나중에 더 큰 어려움에 직면하게 된다. 그리고 상승한 우리 국력에 걸맞은 국제 책임을 다 한다는 차원에서도 긍정적인 자세로 임해야 한다. 덧붙여 이는 미래세대를 위한 길이기도 하다. 기후위기는 심각성을 더해 가고 시급한 대응을 요구한다. 현 세대가 이를 막을 수 있는 마지막 세대라는 외침을 귀담아들어 막중한 책임을 자각하고 실효적 행동에 나설 때이다. 지속 가능한 경제성장을 추구하는 녹색 국가로 거듭 나는 대한민국을 기대해 본다.

2024년 8월
신각수

차례 CONTENTS

끓는 지구 살리기,
내일을 바꿀 기후행동

기후변화에 대한
기본 이해

● ● ●

이 장에서는 초보자도 기후변화에 대한 기본적인 개념들을 이해할 수 있도록 돕습니다. 기후변화의 원인과 영향, 그리고 감축과 적응과 같은 기후변화 관련 기본적인 개념을 설명하고, 기후변화에 관한 정부 간 협의체(IPCC)의 역할과 유엔 기후변화협약 체제의 발전 과정에 대해서 설명합니다.

1-1 기후변화의 전 지구적인 심각성

기후변화의 심각성은 전 세계적으로 매우 위급한 상황입니다. 2023년 7월, 안토니우 구테흐스 유엔 사무총장은 더 이상 "지구온난화"(global warming)라는 표현이 적절하지 않다며 "지구가 끓고 있다"(global boiling)고 경고했습니다. 이는 현재 기후변화의 심각성을 극명하게 드러내는 표현입니다. 우리나라의 김효은 기후변화대사 또한 제19차 제주포럼에서 "기후변화"라는 단어 대신 "기후위기"(climate crisis)라는 표현이 더 적절하다고 강조하며, 현재 상황이 매우 심각하다고 말했습니다. 이런 뉴스를 접할 때면 두려운 마음이 듭니다. 실제로 기후변화는 이미 우리의 일상생활에 직접적인 영향을 미치고 있습니다. 예를 들어, 기후변화로 인해 식탁에 오르는 먹거리가 달라지고 있습니다. 농작물 생산이 불안정해지면서 식량 공급이 어려워지고, 이는 식량 가격 상승으로 이어집니다. 또한, 여름철 집중호우와 같은 극단적인 기상 현상으로 인한 피해도 늘어나고 있습니다. 이러한 현상들은 기후변화가 더 이상 먼 미래의 일이 아닌 현재 진행 중인 위기임을 보여줍니다. 일상을 살아가는 우리로서는 기후변화 때문에 식탁에 오르는 먹거리가 달라진다거나 여름이면 집중호우와 같은 기상 현상으로 인해 피해가 커지는 것은 몸소 느끼고 있지만, 다른 나라의 사정은 어떠한지 궁금합니다. 기후변화가 전 지구적으로 얼마나 심각한지, 또 기후변화로 인해 우려해야 할 다른 문제들은 구체적으로 어떤 것들이 있을까요?

지구온난화는 이미 1970년대부터 과학자들이 경고해 왔습니다. 예를 들어 미국의 석유 회사인 엑손(Exxon)을 위해서 1977년부터 2003년까지 일했던 과학자들은 탄소 배출로 인해 지구의 평균 기온이 상승할 속도를 꽤 정확하게 예측한 바 있습니다. 그들은 인간의 활동으로 야기된 지구온난화가 2000년경에 처음으로 감지될 것이라고 예측했고, 또 얼마나 많은 이산화탄소가 지구온난화로 이어질지를 합리적으로 추정한 것으로 알려져 있습니다.

과학자들의 예측대로 지구온난화는 해를 더할수록 가속화하고 있습니다. 세계기상기구(WMO: World Meteorological Organization)는 2014년부터 2019년까지가 인류 역사상 가장 더운 5년이었다고 지적한 바 있는데, 동 기간 동안 해수면은 가파르게 상승했고, 대표적인 온실가스인 이산화탄소의 대기 중 농도도 최고치를 기록했습니다. 그런데 이런 수치는 점점 더 심각해져, 2023년은 지구 전체적으로 가장 더운 한 해로 기록되었습니다. WMO는 관측이 시작된 이래 2023년이 가장 더운 해였다고 확인했는데, 산업화 이전 시기로 간주하는 1850−1900년의 지구 평균 기온보다 2023년의 평균 기온이 1.45℃(±0.12℃ 오차) 높았다고 설명했습니다.

우리나라 역시 예외가 아니었습니다. 기상청의 <2023년 연 기후분석 결과>에 따르면 2023년 우리나라의 연 평균기온은 13.7℃로 평년 12.5±0.2℃보다 1.2℃ 높았던 것으로 나타났습니다. 이는 기상 관측망이 전국으로 확대된 1973년 이후 가장 높은 수치였으며, 가장 더운 해로 기록된 2016년의 13.4℃보다도 0.3℃ 높은 수치였습니다.

이렇게 빠른 속도로 지구온난화가 진행되고 있다 보니, 안토니우 구테흐스 유엔 사무총장이 2023년 7월 27일, "'지구온난화 시대(The era of global warming)'는 끝났다. '지구가 끓는 시대(The era of global boil-ing)'가 시작됐다."라고 경고하였던 것입니다.

이렇게 기후변화가 가속화하게 되면 다음과 같은 우려가 커질 수밖에 없습니다. 첫째, 허리케인, 폭염, 가뭄, 홍수 등 극심한 기상 이변이 보다 자주, 그리고 보다 강력하게 발생하는 것입니다. 빈번하고 강력하게 발생하는 자연재해는 사회의 기반 시설에 막대한 피해를 입히는 것은 물론, 인명 피해를 야기합니다. 2023년의 경우 중국, 인도, 동남아시아에는 여름이 오기도 전에 이미 40℃를 넘는 폭염이 닥쳤고, 8월에는 하와이에 최악의 산불이 발생하여 엄청난 피해가 있었습니다. 우루과이는 가뭄으로 고통 받았으며, 이와는 대조적으로 리비아에는 홍수가 나서 1만 명이 넘게 사망했습니다. 2024년에도 이런 상황은 오히려 더 심해지고 있습니다. 인도는 5월인데도 50℃를 넘나드는 불볕더위가 이어져 사망자가 나오고 전력난에 허덕였습니다. 기후변화는 이렇듯 현재 사회 기반 시설이 감당할 수 없는 수준으로 자연재해의 규모를 키우고 있으며 인명 피해 역시 증가하고 있습니다.

둘째, 기후변화는 극지방의 빙하를 녹이므로 해수면 상승을 초래합니다. 이는 태평양의 도서 지역 국가들에게 치명적입니다. 해발 고도가 2m인 오세아니아의 폴리네시아 섬나라인 투발루는 해수면이 매년 4mm씩 오르면서 영토를 구성하는 9개의 섬 중 2개가 이미 완전히 가라앉았습니다. 기후변화가 현재 속도로 진행된다면, 수십 년 안에 수도인 푸나푸티 절반이 가라앉고, 2100년에는 국토 전체가 수몰될 수 있다고 예상되고 있습니다.

셋째, 이렇게 자연재해로 인한 피해가 커지고 영토가 사라질 위험에 처한 나라들마저 있다 보니 기후 난민도 걱정거리가 아닐 수 없습니다. 유럽의회(European Parliament)의 자료에 따르면 2008년 이후 3억 7,600만 명이 넘는 사람들이 기후 재난으로 인해 이재민이 되었습니다. 이는 매초 한 명이 이재민이 되는 것과 같으며, 매년 호주의 전체 인구가 강제로 집을 떠나야 하는 수준입니다. 2022년에만 무려 3,620만 명의 이재민이 발생했는데, 기후변화로 인해 영향을 받는 사람들의 수는 2050년까지 두 배로 증가할 것으로 예상되고 있습니다.

넷째, 기후변화는 생물 다양성에 부정적인 영향을 줄 뿐만 아니라 작황과 가축들의 생산성에도 영향을 미칩니다. 이런 생태학적인 위협은 결국 식량 안보 문제로도 이어지게 됩니다. 세라 거(Sarah Gurr) 영국 엑서터대학(University of Exeter) 교수는 "인류는 코로나 19 같은 질병에 걸려 사망하기 전에 영양실조로 사망할 것이다."라고 경고했습니다. 거 교수와 같은 과학자들은 세계에서 가장 중요한 농작물에 대한 곰팡이 공격이 빠르게 증가하면서 지구의 미래 식량 공급을 위협하고 있으며, 곰팡이 병원균을 해결하지 못하면 '글로벌 건강 재앙'으로 이어질 수 있다고 지적합니다.

다섯째, 공중보건 문제를 생각하지 않을 수 없습니다. 극한 기후 탓에 발생할 수 있는 건강상의 문제는 온열 질환이나 피부 발진, 각종 알레르기 등 일일이 헤아리기 어려울 정도로 많습니다. 또한 모기와 같은 해충의 생존기간이 늘어나고 서식지가 확대되면서 전염병의 확산 등이 우려되기도 합니다. 이렇게 공중보건 위험이 높아지면 사회적인 비용도 증가할 수밖에 없습니다. 우리나라만 하더라도 가장 더운 여름이었다는 2023년에 발생한 온열질환자가 무려 2천 818명을 기록했는데, 이는 전년 대비 80.2%나 증가한 숫자였습니다.

식량위기나 공중보건 문제는 인프라와 공공서비스가 제대로 갖춰지지 못한 저개발 국가일수록 더욱 큰 문제이지 않을 수 없습니다. 그러나 저개발 국가의 위기는 선진국들에게도 경제적으로나 사회적으로 여파를 미치게 됩니다. 코로나 19 팬데믹 상황을 겪으면서 깨달았듯이 지구 전체는 결국 경제적으로나 사회적으로 깊이 연결되어 있기 때문입니다.

산업혁명이 기후변화에 미친 영향이 왜 큰 것인지요? 지난 2021년 제28차 기후변화 당사국총회가 영국에서는 최초로 개최되었는데요. 장소는 스코틀랜드의 글래스고라는 도시였습니다. 영국 내 수많은 도시 가운데 글래스고가 선정된 배경에는 그곳이 산업혁명의 발상지였기 때문이라고 합니다. 그렇다면 산업혁명과 기후변화는 어떠한 관련이 있나요? 또한, 현재 기후변화에 관한 국제적 대응이 2015년에 체결된 파리협정을 중심으로 이루어지고 있습니다. 그런데, 파리협정의 목적에는 산업화 전 수준 대비 지구 평균 기온 상승을 섭씨 2도보다 현저히 낮은 수준 내지 섭씨 1.5도로 제한하기 위해 노력한다고 명시되어 있는데 왜 지구 평균 기온 상승의 기준을 '산업화 전 수준 대비'로 했나요?

산업혁명은 영국에서 발생하여 유럽의 여러 나라와 미국 등으로 확대되었는데 영국 내에서도 스코틀랜드의 글래스고를 중심으로 하는 지역에서 일어났습니다. 이 지역은 양질의 석탄이 풍부하여 공업지역의 발전을 촉진하여 제철·제강·조선공업 등이 발달하게 된 것입니다. 이는 경제사에 한 획을 그은 아담 스미스(Adam Smith)와 증기기관을 발명한 제임스 왓트(James Watt)가 세계적으로 오랜 역사를 지닌 글래스고대학 출신인 것과 무관하지 않습니다.

기후변화는 석탄이나 석유 등 이른바 화석연료(fossil fuel)를 사용하면서 발생하는 이산화탄소 등의 온실가스 때문에 일어난다고 합니다. 즉, 이산화탄소·메탄 등 온실가스가 대기 중에 잔류하여, 지구 복사열이 우주로 방출되는 것을 막음으로써 발생하는 지구 평균 기온의 상승, 즉 온실효과로 인한 지구온난화로 인해, 빈번한 폭염 및 홍수, 폭설과 가뭄, 해수면 상승 및 자연 생태계 파괴 등 이상 기후를 야기하는 총체적인 현상을 의미합니다.

다시 말하면, 지구가 태양으로부터 받은 에너지만큼 우주로 에너지가 빠져나가야 하며 그렇지 않으면 지구의 온도는 높아질 것입니다. 그런데 이산화탄소로 대변되는 온실가스는 태양에너지를 그대로 투과시키는 반면, 다시 우주로 빠져나가는 에너지를 가두어 두며, 이에 따라 기온이 상승하는데 이를 온실효과(greenhouse effect)라고 합니다. 그런데 온실가스 자체는 나쁜 것은 아닙니다. 온실가스가 어느 정도 있어야 지구를 따뜻하게 보호하여 생물들이 살 수 있게 되는 거죠. 만일 다른 행성과 마찬가지로 지구 위에 온실가스가 없다면 지구는 더욱 추운 상태로 있어 지금과 같은 수많은 생명체와 자연 현상은 없게 되는 거죠.

그러나, 문제는 이러한 온실가스가 적정 수준을 넘어서 과도하게 발생되면 지구의 표면 온도가 상승한다는 것입니다. 이에 따라 인간의 행위에 의해 '증강된 온실효과(Enhanced Greenhouse Effect)'로 인해 지구온난화가 발생되어 기후변화 현상이 일어난다고 이야기를 합니다.

전 지구 표면온도는 전반적인 기후 상태를 나타내는 대표적인 지표입니다. 체온이 몸 상태를 나타내는 대표적인 지표인 것과 마찬가지입니다. 전 세계적으로 기후변화의 현상에 대해 과학적으로 규명하는 가장 권위가 있는 기구는 1988년에 설립된 '기후변화에 관한 정부 간

패널(IPCC: Intergovenmental Panel on Climate Change, 상세 질문 1-5 참고)'
입니다. 그런데 IPCC에서 발간하는 보고서는 1850년부터 1900년까지
의 지구 표면 온도를 기준으로 합니다. 왜 그럴까요?

그 이유는 첫째, 19세기 중반에 이르러서야 기상 관측소, 선박, 부
표 등을 통한 전 세계 지상기상 관측망이 구축되었기 때문입니다. 둘째,
산업혁명이 발생한 19세기 후반까지는 인간 활동에 의한 기온 상승이
뚜렷하게 나타나지 않았는데, 산업혁명 이후 지구 표면 온도가 본격적
으로 상승하기 시작했기 때문이지요. 따라서, '산업혁명 이후의 기온 상
승'이라는 표현을 주로 사용하게 된 것입니다.

지구 표면온도는 1880년 이후 본격적으로 상승하기 시작해서 10
년에 섭씨 0.08도씩 상승했습니다. 1981년 이후에는 10년에 섭씨 0.18
도씩 상승하여 지구온난화 속도는 그 이전보다 두 배 이상 빨라졌습니
다. 이때부터 기후 과학자들은 자연적 요인이 아닌 인간 활동에 의한
지구온난화를 명확하게 인식하기 시작했습니다.

앞서 지구온난화의 원인이 온실효과 때문이라고 언급했는데, 이러
한 온실효과는 대기 중 이산화탄소 등 온실가스의 급증한 증가로 온실
가스 농도가 짙어져 지구온난화가 일어나는 현상입니다. 즉, 대기 중의
온실가스 농도는 이산화탄소의 측정 추이로 나타나는데, 대기 중의 온
실가스 농도가 높아질수록 지구온난화의 속도는 더욱 가속화가 되는
것이지요.

이에 따라, 산업혁명 이후 화석연료의 과다한 사용으로 인해 대기
중의 이산화탄소 농도가 1860년 280ppm에서 1990년 340ppm, 2015년
400ppm 및 2021년 423ppm으로 급격하게 상승하게 되어 지구의 표면

그림 1-1 산업혁명 이후 급격히 증가한 온실가스 배출

온도가 상승하게 되는 거죠. 이러한 온실가스 농도의 상승 시발점이 산업혁명이었기 때문에 산업혁명이 기후변화에 미친 영향은 매우 크다고 말할 수 있겠습니다.

산업혁명이 주로 유럽 등 선진국에서 발생하였기 때문에 지구온난화의 역사적 책임(historical responsibility)이 선진국에게 있다고 하겠습니다. 선진국이 우선적으로 기후변화에 대한 대응을 선도적으로 해야 하는 이유가 바로 여기에 있습니다. 하지만 2000년대 초부터는 개도국의 온실가스 배출 총량이 선진국보다 앞서게 되면서 개도국의 기후행동도 긴요해졌습니다. 이제는 선진국과 개도국 모두가 힘을 합쳐 기후행동을 해야 기후위기에 대한 대응이 온전히 이루어질 것입니다.

1-3 기후변화로 바뀐 과일·생선 등 먹거리 지도

기후변화로 인해 대구 사과는 옛말이 되고, 명태는 한반도 주변에서 잡을 수 없게 되었는데 그 이유가 무엇인가요? 기후변화로 인해 우리나라의 농산물도 많은 변화를 겪고 있는데, 가장 큰 변화는 농작물 재배지역이 이동하는 것이라고 합니다. 급격히 변화하는 기후 위기 가운데 우리나라의 작물지도는 어떻게 바뀔까요? 또한, 우리나라에서 한때 가장 흔한 국민 생선인 명태가 2008년경에 이윽고 어획량이 "0"이 되었습니다. 한때 그렇게 흔했던 명태는 왜 갑자기 사라졌을까요?

기후변화는 농업의 기후대를 변화시키고 작물의 적응지를 바꾸고 있습니다. 우리나라의 경우 '경북 사과', '제주 한라봉' 등은 이제 옛말이 되었고 기후변화로 사과는 충북·강원·경기 지역까지 재배지를 넓혔습니다. 감귤과 한라봉도 전라도 지역에 이미 상륙했습니다. 비싸게 수입하던 커피 원두를 강원도 강릉에서 수확할 만큼 작물의 분포지가 넓어졌습니다.

농업은 토양, 기후, 생물 등 다양한 자연 환경에 영향을 받는 산업입니다. 특히, 기후는 농업에 직접적으로 영향을 미칠 뿐만 아니라 토양 및 생물 환경에 대한 영향을 통해서도 간접적으로 영향을 미칩니다.

대기 중 온실가스인 이산화탄소의 농도 증가는 작물의 광합성 물

질 배분과 발육의 속도, 그리고 물의 이용 효율 등에 영향을 미쳐 최종적으로는 작물의 생산성에 직접적인 영향을 미치게 되는 거죠.

과수의 경우, 기온의 변화로 인해 재배적지가 남쪽에서 북쪽으로, 해안에서 내륙으로, 평지에서 산지로 점차 축소되고 있는 것으로 나타나고 있습니다. 예를 들면, 사과의 경우 온난화에 따라 재배적지가 북상하여, 주산지가 과거의 경상북도 대구 사과에서 강원도 영월 사과로 변화하고 있습니다. 즉, 사과의 경우 연평균 기온 섭씨 7도에서 14도를 유지하고 일교차가 커야 재배가 가능하고 좋은데 이제는 강원도에서 더 많이 수확하고 있습니다.

아울러, 아열대 기후가 증가하면서 과거에 사과를 재배하던 지역이 기온상승으로 사과를 더 이상 재배할 수 없게 되었습니다. 전체적으로는 사과의 재배적지가 줄어들면서 재배면적도 감소하는 추세여서 우려의 목소리가 커지고 있습니다.

또한, 기후변화가 바다의 생태계에 영향을 미칠 것이라는 것은 쉽게 생각할 수 있겠습니다. 과거에 우리나라 바다에서 명태, 가자미 등 바다의 저층에서 사는 종류가 잡혔으나, 최근에는 멸치, 청어 등 바다 표면층이나 중층에 사는 물고기가 많이 잡히고 있습니다. 표면층이나 중층에 사는 물고기는 수명이 짧고 환경변화에 민감하게 반응하므로 기후변화로 수온이 오르면 어획량에 커다란 변동이 있게 됩니다.

국립수산과학원에 따르면 지난 40년 사이에 우리나라 바다의 표면 수온이 섭씨 약 1.3도 상승했는데, 이는 지난 100년 동안 지구의 바다 온도가 평균 섭씨 0.5도 상승한 것에 비해 수온 상승폭이 커서 우리나라 바다의 수온 변화가 우려할 수준임을 알 수 있겠습니다.

기상청의 최근 발표에 따르면, 울릉도가 우리나라에서 여름과 겨울의 계절적 특성이 가장 극단적으로 나타나고, 온난화로 인한 기후변화 양상이 뚜렷하게 보이는 지역이라고 합니다. 이러한 울릉도의 경우 1973년부터 1982년까지 과거 10년간 해수면 평균온도가 16.3도였는데, 최근 10년인 2014년부터 2023년까지의 해수면 평균온도가 17.7도로 과거 10년간보다 최근 10년간이 1.4도 올랐다고 합니다.

　　명태의 경우, 예로부터 제사, 전통혼례 등 관혼상제에서 빠져서는 안 되는 필수품이며 명칭도 생태·동태·황태·코다리 등 가장 다양하여 우리나라 국민들로부터 가장 많은 사랑을 받고 있는 국민생선입니다. 지방이 적고 아미노산이 많아 개운하고 시원한 맛에 지금도 우리나라에서 연간 30만 톤 내외로 소비량이 가장 많은데요. 현재는 모두 러시아나 일본 등으로부터 수입하고 있습니다.

　　왜냐하면, 이전에는 동해에서 한류성 어종으로 수온이 섭씨 1도에서 10도 가량인 찬 바다의 저층에서 서식하는 명태가 가장 많이 잡혔지만, 지구온난화와 더불어 남획으로 인해 동해 앞바다의 환경이 바뀌면서 잡히는 어종도 바뀌게 되었습니다. 한때 1943년 명태 어획량이 21만 톤으로 국내 전체 어획량의 28%나 차지하였는데, 1970년대 7만 톤, 1990년대 6천 톤으로 급감했으며 이윽고, 2008년경 어획량 "0"을 기록하면서 사라지게 되었습니다. 이에 따라, 난류성 어종에 속하는 오징어가 대표적인 어종으로 자리 잡았고 지구온난화가 물고기 종류의 변화를 가져오는 원인의 하나로 지목되었습니다. 이러한 오징어도 최근의 수온 상승으로 동해의 대표적인 어종을 방어에 자리를 내어주었다고 합니다. 즉, 오징어의 경우 2003년 23만 3,254톤을 어획했으나 2023년에는 1,456톤으로 급감했으며 반면, 방어의 경우 2003년 426톤을 잡았

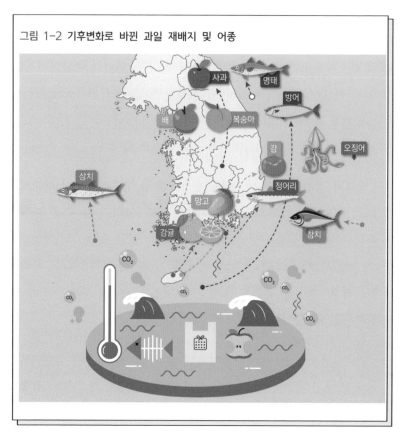

그림 1-2 **기후변화로 바뀐 과일 재배지 및 어종**

출처: 기후변화로 바뀐 먹거리 지도, MBN 2004.5.28.

으나 2023년도에는 4,186톤으로 급증하였습니다.

한편, 지구온난화로 다양한 유형의 위기가 나타나면서 농·수산물 등의 가격이 오르면서 물가를 끌어올리는 현상으로 최근에 "기후플레이션(climateflation)"이라는 용어가 등장했습니다. 이는 '기후'와 물가 상승을 뜻하는 '인플레이션'을 합한 말로 이상 기후로 인해 물가가 오르는 현상을 말합니다. 2023년도 작황부진으로 사과 생산이 30%나 감소하여 사과 가격이 크게 오른 것(약 80%)도 이상 기후가 원인 중 하나로 지목되었습니다. 즉, 봄철 높은 기온으로 개화시기가 앞당겨졌는데, 꽃이 핀 이후 기온이 급락하는 일이 겹치며 수확량이 줄었기 때문입니다. 과일 뿐만 아니라 급격한 수온 상승으로 그동안 안정세였던 수산물 물가도 오르고 있습니다. 울릉도산 한 뼘 크기의 총알오징어는 한 마리에 현재 2만 원 정도 하는데 20년 전에는 1,000원을 받았다고 합니다. 이는 동해 수온이 올라가면서 울릉도산 오징어의 씨가 마르며 비싸진 것이며 대신 과거 제주도에서 잡혔던 온대성 회유어종인 대방어가 울릉도 근해에서 많이 잡히고 있습니다. 이와 같이 이상 기후로 물가가 오르는 '기후플레이션'에 우리나라도 몸살을 앓고 있습니다.

1-4 지구온난화로 인한 강추위와 폭우, 그리고 산불의 증가

지구온난화가 진행 중인데 왜 강추위가 오는지요? 또한, 폭우와 산불이 많아지는 것도 지구온난화가 원인인가요? 최근 매우 추운 겨울을 종종 겪으면서 이렇게 추운데 무슨 지구온난화가 발생하냐고 의아해하는 사람도 적지 않습니다. 또한 이러한 추위는 기후변화 때문이라고 하는데 지구의 평균기온의 상승을 의미하는 지구온난화와 기후변화는 다른 뜻인가요? 또한, 산불은 완전히 꺼지지 않았던 담배꽁초를 사람이 버려서 많이 발생하였는데 최근 날씨가 더워지는 것도 산불과 관련이 있나요? 그리고 여름철에 폭우가 많이 내리는 것도 지구온난화 및 기후변화와 관련이 있는지요?

기후변화는 단순히 날씨가 더워지는 것만을 의미하는 것이 아닙니다. 때로는 지구온난화로 인해 대기권의 기류변동이 일어나 차가운 공기가 순환되어, 일부 지역에서는 온도가 급격히 내려가 추워질 수 있는 극한의 이상 기후도 포함하게 됩니다. 따라서 기후변화는 지구온난화로 인해 발생하는 총체적인 현상을 의미합니다. 즉, 기후변화는 지구온난화로 인해 발생되는 빈번한 폭염 및 홍수, 폭우와 가뭄, 해수면 상승 및 자연 생태계 파괴 등 이상 기후를 야기하는 포괄적인 의미를 갖고 있습니다.

예전에 우리나라의 겨울철 날씨는 '삼한사온'이라고 해서 추운 날

씨가 와도 3일 정도 있다가 4일은 따뜻한 기온이 반복되는 식의 기상 패턴을 보였습니다. 하지만, 요즘은 특징이 달라져서 최소 1주일 이상 강한 추위가 계속 지속되는 경우를 봅니다. 이렇게 겨울철의 기상 패턴이 변하는 이유는 무엇일까요?

최근 겨울철에 잦게 발생하는 한파도 지구온난화의 부수적인 현상으로 볼 수 있습니다. 즉, 북극을 에워싸고 있으면서 북극의 찬 공기를 아래로 내려오지 못하게 하는 제트기류가 북극의 온난화로 인해 약화되어 우리나라와 유사한 북반구의 중위도 지역에 한파가 찾아온다는 의미입니다. 즉, 한반도를 포함한 중위도 지역의 한파 발생의 원인을 북극 온난화에 따른 영향으로 본다는 점이지요. 기존에 자연적으로 존재했던 현상이 인위적으로 유발된 북극 온난화에 의해 더 극단적으로 치우치는 것으로 보고 있으며, 이는 결국 북극 온난화 증폭의 파생물로 여겨지고 있습니다.

좀 더 부연 설명을 하면, 북극과 남극에는 차가운 저기압이 자리잡고 있는데 이것을 극저기압이라고 합니다. 지구 북반구의 경우 북극에 차가운 저기압이 있고 한반도를 비롯한 중위도 지역에는 따뜻한 고기압이 있습니다. 공기는 고기압에서 저기압으로 흐르고, 지구는 서쪽에서 동쪽으로 회전합니다. 따라서 북반구의 경우 북극에 차가운 저기압이 있고 중위도 지역에는 따뜻한 고기압이 있기 때문에 공기가 북진하다가 지구의 자전 때문에 동쪽으로 휘어지면서 서풍 제트기류가 만들어집니다. 이를 흔히 편서풍이 분다고 하며 이것을 제트기류라고 하죠.

즉, 북극의 찬 공기와 중위도의 따뜻한 공기를 경계로 강한 제트기류가 흐르는데, 제트기류는 북극 대기의 온도가 낮을수록 더 세기 마련이어서 제트기류가 남북으로 요동치 않게 됩니다. 반대로 북극 대기의 온도가 높아지면 북극 저기압이 약해져 찬 공기를 에워싼 제트기류도 약해지면서 차가운 공기와 더운 공기가 남북으로 이동하면서 섞어지게 되는데, 이때 겨울에 북극의 찬 공기가 내려온 지역은 한파와 폭설을 맞이하게 되고, 더운 공기가 올라온 지역은 따뜻한 겨울을 맞게 되는 것입니다.

한편, 지구온난화로 인한 해수면 온도의 상승은 태풍에 에너지 공급원 역할을 하게 되어 태풍활동의 변화를 가져올 수 있는 중요한 원인이 됩니다. 수온이 높아지면 폭풍의 증기 함유량이 높아지는데 따뜻한 공기는 습기를 더 많이 보유하기 때문이지요. 그래서 폭풍이 함유한 습기가 강우가 되어 떨어질 때 큰 비나 큰 눈으로 집중해 내릴 가능성이 높아집니다.

또한, 지구온난화는 여러 곳에서 연간 강수량의 많은 부분을 눈 대신 비로 내리게 합니다. 그 결과 특히 봄과 초여름에 폭우가 늘어나고 있습니다. 우리나라의 경우도 예외는 아니어서 지난 2022년 8월 서울 동작구에 내린 폭우는 381.5mm로 기상관측이 시작된 1907년 이후 105년 만에 최고 기록을 세웠습니다. 특히 시간당 20-30mm의 비만 해도 우산이 소용없을 정도로 젖는데 그보다 5배 안팎으로 1시간에 141.5mm가 내린 집중호우는 기후변화가 아니고는 설명할 수 없다고 합니다.

또한, 지구온난화의 피해 사례로 산불을 들 수 있습니다. 산불은 낙뢰 등으로 인한 자연 발화로 발생하기도 하지만 대부분은 인간의 부주의로 발생합니다. 문제는 이러한 산불이 점차 더 큰 규모로, 더 자주 발생한다는 점입니다. 많은 전문가들은 전 세계적으로 산불횟수가 늘고

규모가 커지는 가장 큰 원인으로 '기후변화'를 주목합니다.

산불은 건조한 날씨와 직결됩니다. 기후변화는 건조한 대기를 만들 뿐만 아니라 잦은 가뭄환경을 조성하면서 수분이 전혀 없는 마른 상태의 죽은 고사목을 증가시켜 산불이 발생하면 불을 순식간에 옮겨 대형 산불로 이어지게 됩니다. 2019년 6월부터 2020년 5월까지 호주에서 발생한 역사상 가장 큰 산불 피해라든지, 2022년 3월 우리나라 경북 울진군에서 시작된 동해안 산불 역시 지구온난화로 인한 건조한 대기와 가뭄 등으로 피해가 컸었지요. 기후변화가 동해안 산불의 '직접적인 원인'은 아니라 하더라도 기후변화로 인해 산불이 늘어난 것은 사실입니다.

전문가들은 대형 산불 발생으로 거대 산림이 소실됨에 따라 막대한 양의 이산화탄소가 방출된다고 합니다. 이는 지구온난화를 부추기는 주요 요인이 되면서 산불과 기후변화라는 악순환이 반복되는 구조가 만들어 진다고 경고합니다. 산림은 주요 온실가스인 이산화탄소를 흡수하는 역할을 하지만 불에 타면 매연 등으로 기후변화를 악화시키는 물질을 배출하는 결과를 낳게 됩니다. 유럽연합의 기후감시기구인 '코페르니쿠스 기후변화서비스'는 2021년 세계적으로 산불로 인해 발생한 이산화탄소량을 17억 6천만 톤으로 추산했는데 이는 우리나라 2019년 온실가스 배출량(7억 137만 톤)의 배가 넘습니다. 앞으로 산불은 계속해서 증가할 전망이라고 하는데 이에 대한 예방법과 산불 영향의 최소화 방안이 마련되어야 하겠습니다.

IPCC의 지구온난화에 대한 원인 분석과 전망

IPCC는 무엇이고, IPCC의 기후변화 평가보고서는 지구사회의 온실가스 배출에 대해서 어떻게 전망하고 있나요? 기후변화가 자연적으로 일어나는 현상인지, 아니면 인간의 행위에 의해 일어나는 지에 대한 논쟁이 오랫동안 있었습니다. 기후변화에 관한 과학적 기구인 IPCC는 이에 대해 어떠한 분석을 하고 있는지요? 또한, IPCC는 기후위기가 얼마나 심각하고 기후대응이 얼마나 시급한지에 대해 어떻게 설명하고 있나요?

기후변화에 관한 정부 간 협의체(Intergovernmental Panel on Climate Change, IPCC)는 기후변화에 관한 과학적 접근을 하는 기구입니다. 즉, 기후변화의 현상 및 원인과 영향을 분석·평가하고 국제적인 대책도 마련하기 위해 1988년 세계기상기구(WMO)와 UN환경계획(UNEP)이 공동으로 설립한 국제기구입니다. IPCC는 의장단(Bureau)과 과학·영향과 적응·완화의 3개 실무그룹(Working Group) 및 Task Force와 제네바에 소재한 사무국 등으로 구성되어 있으며, 기후변화 대응에 대한 공로를 인정받아 2007년 노벨 평화상을 수상하였습니다. IPCC는 우리나라의 이회성 박사가 2015년 10월부터 2023년 7월까지 의장직을 역임하면서 2018년 1.5도 특별보고서 등을 채택하여 각국으로 하여금 2050 탄소중립 목표를 설정토록 하는 등 커다란 기여를 하였습니다.

IPCC의 평가보고서는 보통 5−7년 주기로 발간되며, UN의 각 기후협약의 근거 자료로 활용되는 동시에, 각국의 기후변화에 대한 대응 정책의 준거 틀도 제공합니다. 동 보고서 작성에는 197개 회원국 출신 전문가 약 3,000여 명이 참여하여 기후변화에 관한 과학적 내용의 평가 보고서를 객관적으로 작성하는데, 여타 기관으로부터 독립성을 보장받습니다. 따라서 IPCC의 보고서는 수많은 전문가들이 장기적인 검증을 거쳐 독자적으로 연구한 결과이기에 객관적으로 신뢰할 수 있다고 하겠습니다.

IPCC는 기후변화의 대부분이 인간의 활동에 기인한다고 분석하고 있습니다. 1990년 IPCC 1차 평가보고서에는 '인간 활동으로 온실가스 농도가 높아지고 있다'고 밝히면서 기온 상승이 뚜렷하지만 그 변화가 자연적인 기후 변동 안에 있을 가능성도 완전히 배제하지 않았습니다. 즉, IPCC 1차 평가보고서는 인간에 의한 기후변화의 불확실성이 크다고 보았던 것입니다. 5년 뒤 1995년 발간된 IPCC 2차 평가보고서에서는 '인간 활동으로 인한 기온 상승으로 기후변화가 일어날 가능성이 크다'고 보았으며, 특히 '과거부터 누적된 선진국의 온실가스 배출이 기온 상승의 원인'이라고 지목했습니다.

2001년의 IPCC 3차 평가보고서에서는 인간의 활동이 지구온난화에 어느 정도 영향을 주었는지를 정량적으로 밝혔습니다. 즉, '20세기 중반 이후 관측된 지구 표면온도 상승은 66%(3분의 2) 이상의 확률로 인간 활동 때문에 일어났다'고 분석했습니다. 2007년 발표된 4차 평가보고서에서는 그 확률이 90% 이상으로, 2013년 5차 평가보고서에서는 95% 이상으로, 그리고 2023년 발간된 6차 평가보고서에서는 '인간 활동이 지구를 온난화시키는 것이 명백하고(99% 확률), 이것이 갈수록 심각해지는 극한 날씨와 뚜렷하게 연관된다'고 밝혔습니다. 그리고 IPCC

1차 평가보고서가 발간된 이후 30여 년간 관측과 연구가 쌓일수록 '기후변화가 인간 활동 때문에 일어나며 전례없이 더 자주, 더 빠르고, 더 강하게, 더 명백하게 일어나고 있다'는 것을 일관되게 밝혔습니다. IPCC의 평가보고서가 나올 때마다 많은 매체들이 공포의 메시지로 평가하기도 했는데, 여기서 주목할 점은 기후변화의 원인이 자연적인 것이 아니라 인간의 행위에 의해 발생한다고 IPCC가 분석하였다는 점입니다. 이는 기후변화에 대한 대응도 인간의 행위로 가능하다는 희망적인 메시지로 평가할 수 있다는 것으로 IPCC의 커다란 기여라고 할 수 있겠습니다.

또한, IPCC는 탄소예산(Carbon Budget)의 개념을 사용하여 기후위기의 심각성과 기후대응의 시급성을 알려주고 있습니다. 탄소예산은 지구평균기온이 산업화 이전 대비 섭씨 1.5도 내지 2도 이상 상승하는 것을 막기 위해 인류에게 허용되는 누적 탄소배출량을 의미합니다. 산업혁명 이전을 기준으로 탄소예산을 표현할 때는 '총탄소예산(total carbon budget)'이라고 하며, 현 시점을 기준으로 할 때는 '잔여 탄소예산(remaining carbon budget)'이라고 합니다.

인간 활동으로 배출되는 이산화탄소가 $1,000GtCO_2$[1Gt(기가톤)은 10억 톤에 해당] 증가할 때마다 지구 평균 기온은 약 0.45도 상승합니다. 즉, 기온 상승은 지금까지 온실가스가 얼마나 대기 중에 누적되었느냐에 따라 결정됩니다. 1850년부터 2019년까지의 누적 순 이산화탄소배출량은 $2,400GtCO_2$입니다. 이 중 $1,400GtCO_2$(58%)가 1850-1989년에 그 나머지인 $1,000GtCO_2$(42%)가 1990-2019년에 배출되었습니다. 기온 상승 1.5도를 막으려면 $2,900GtCO_2$ 이하로 배출을 해야 합니다. 그래서 현 시점의 전 지구적 잔여 탄소예산은 $500GtCO_2$(5천억 톤)입니다.

그런데, 지금 인류는 매년 약 $50GtCO_2$를 배출하고 있으므로 2020년을 기준으로 지금과 같이 그대로 배출량이 유지된다고 하면 10년 후인 2030년에 기온 상승 1.5도를 넘을 수 있는 이산화탄소가 이미 모두 배출되게 되는 거죠. 기후 대응이 얼마나 시급한 지를 잘 알려주고 있습니다.

한편, 기후변화의 미래를 전망하는 기후변화 시나리오는 과학 기반으로 가능한 세계를 보여주고, 우리가 미래에 갈 수 있는 길이나 처할 수 있는 상황을 보여줍니다. 그래서 가능성이 있는 여러 미래 시나리오를 고려해야 합니다.

IPCC 제6차 평가보고서에서는 '공통사회경제경로(Shared Socioeconomic Pathways, SSP) 시나리오'를 도입했습니다. SSP는 미래 인구, 경제, 복지, 생태계, 자원, 제도, 정책 등을 고려하여 대표적인 다섯 가지 시나리오로 구성됩니다.

첫 번째 SSP5는 '화석연료에 의존해 발전하는 세계'입니다. 온실가스 배출량이 '매우 많은' 시나리오입니다. 두 번째 SSP4는 '불평등이 계속 증가하는 세계'입니다. 선진국과 개도국 간, 및 자국 내에서도 경제적으로 양극화되는 시나리오입니다. 세 번째 SSP3는 '경제성장을 우선시하는 경쟁 사회 시나리오'입니다. 온실가스 배출량은 '많은' 시나리오입니다. 네 번째 SSP2는 '기후변화의 저감 노력과 사회경제 발전 정도가 중간 수준인 시나리오'입니다. 온실가스는 '중간' 배출량을 보이고 있습니다. 다섯 번째 '지속가능한 시나리오'인 SSP1은 '지속가능한 세계'입니다. 온실가스 배출량은 '매우 적은' 시나리오입니다.

SSP5는 화석연료 사용을 증가시키는 반면, SSP1은 재생에너지로

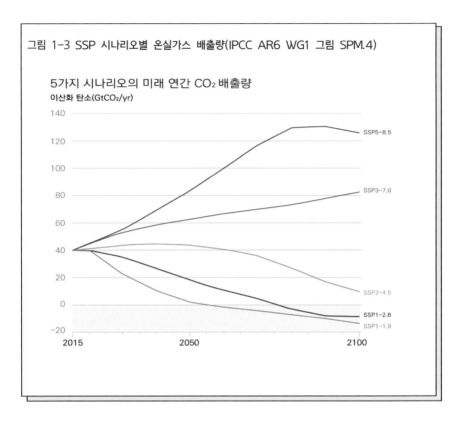

그림 1-3 SSP 시나리오별 온실가스 배출량(IPCC AR6 WG1 그림 SPM.4)

5가지 시나리오의 미래 연간 CO_2 배출량
이산화 탄소($GtCO_2/yr$)

전환한다는 것입니다. SSP3와 SSP4는 미래에 대해 비관적인 사회 시나리오이고, SSP2는 낙관과 비관 어느 한쪽으로 치우치지 않는 중도의 시나리오입니다. 특히, 여기서 주목해야 하는 '지속가능한 시나리오'인 SSP1 시나리오는 전 세계가 포용적 발전을 하고 불평등을 감소해 나가면서, 자원·에너지 집약도를 대폭 낮춘다면 충분히 가능한 시나리오라는 것입니다. 재앙을 예견하는 것은 그것을 예방할 수 있는 사고의 전환과 행동을 하게 만듭니다. 우리는 미래 시나리오를 탐색한 다음, 그중 가능한 최선의 전략을 추구하여 기후대응을 보다 적극적으로 해야 할 것입니다.

1-6 기후변화에 대한 감축과 적응의 중요성

기후변화에 대한 대응은 감축과 적응이 다 같이 중요하다고 합니다. 감축과 적응이 무엇이고, 왜 다 같이 중요한가요? 기후변화에 대한 감축과 적응 등 전반적인 이해를 하려면 어떻게 해야 합니까? 기후변화의 원인에 대한 대응이 감축이고, 기후변화의 영향에 대한 대응이 적응이라고 한다면 감축과 적응은 서로 상관이 없나요?

기후변화에 대한 전반적인 이해를 위해서는 다음 그림과 같이 기후변화의 ① 현상, ② 원인, ③ 영향, ④ 대응의 4개 분야에 대해 종합적으로 고찰하는 것이 필요합니다.

이를 간략히 설명하면 ① 기후변화의 현상은 지구평균온도의 상승, 즉 산업화 이전 대비 2020년 기준 섭씨 1.1도 상승하는 것 등을 의미하며, ② 기후변화의 주요 원인으로는 석탄·석유 등 화석연료의 사용으로부터 나오는 이산화탄소 등 온실가스의 배출 증가와 더불어 산림 훼손 등으로 인한 온실가스 흡수원의 감소를 들 수 있겠습니다. ③ 기후변화의 영향으로는 생태계의 파괴 및 이상 기후 등으로 인한 사회·경제적인 손실 등을 의미합니다. ④ 기후변화 대응으로는 원인에 대한 대응은 감축(mitigation)이고, 영향에 대한 대응은 적응(adaptation)이라고 하는데, 이를 국내적 대응과 국제적 대응으로도 나눌 수 있겠습니다.

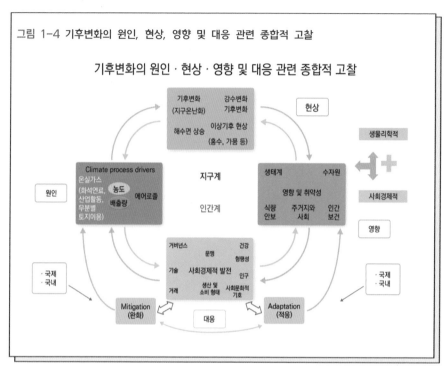

그림 1-4 기후변화의 원인, 현상, 영향 및 대응 관련 종합적 고찰

출처: 기후변화의 인위적 동인(drivers)과 영향, 기후변화에 대한 대응 및 상호 관계, IPCC, 제4차 평가보고서. 2007

여기서 감축과 적응에 대해 좀 더 상세히 살펴보면, 우선 감축 (mitigation)은 지구온난화의 원인이 되는 온실가스의 배출을 줄이면서 기후 대응을 하는 것입니다. 이를 위한 방안으로는 첫째 단기적인 방안 으로 기존에 사용 중인 화석연료 에너지에 대한 소비감소와 더불어 에 너지 공급 측면에서 에너지 효율을 높이는 것입니다. 이를 통해 온실가 스 배출량을 줄여 나갈 수 있습니다. 둘째, 중·장기적인 방안으로는 에 너지의 사용을 화석연료부터 태양광이나 풍력, 수력, 지열 등 재생에너 지로 전환하는 것과, 수소 및 연료전지 등의 신에너지의 개발을 통해 온실가스 배출을 줄여나가는 것입니다. 감축은 기후변화의 직접적인 원

인을 해소시킨다는 차원에서 매우 중요한 기후변화의 대응방안이라고
할 수 있겠습니다.

한편, 적응(adaptation)은 지구온난화의 영향 속에서 삶을 맞춰나가
는 것을 의미합니다. 지구온난화로 인한 기후변화는 다양한 변화요인과
상호작용들로 인해 자연계뿐만 아니라 인간계에도 직·간접적인 영향을
미칩니다. 즉, 기후변화는 ① 폭염과 가뭄, 홍수로 인한 극한 기상현황,
② 북극 빙하면적의 감소로 인한 해수면의 상승, ③ 해양온도의 상승
및 산성화, ④ 다양한 생물종의 멸종, ⑤ 인간 건강에 대한 부정적인 영
향 등을 초래합니다. 이러한 기후변화의 영향은 국가마다, 그리고 각
지역 및 연령에 따라 다르며, 특히 노인과 아동, 여성 및 야외 근로자
등은 기후변화의 영향에 더욱 취약합니다.

이에 따라, 기후변화에 취약한 계층과 지역·국가 등을 우선하여
이에 견딜 수 있는 힘인 '기후탄력성(climate resilience)'을 높여주기 위한
정책, 즉 적응정책이 필요합니다. 기후탄력성은 지역과 계층, 그리고
'얼마나 준비되었느냐'에 따라 다릅니다.

다시 말해서, 기후위기에 적응하는 것이란 지구온난화를 주 요인
으로 한 지구 전체의 기후위기와 이에 따른 생활, 사회, 경제 및 자연과
관련된 피해 등의 영향을 방지하거나 줄이는 것을 의미합니다.

여기서 적응의 필요성과 시급성에 대해 강조할 필요가 있겠습니
다. 즉, 적응의 필요성과 관련해서는 대기 중에 온실가스 배출이 "0"이
되더라도 과거 배출된 온실가스가 대기 중에 수십년 이상 장기간 체류
하게 되어 지구온난화현상은 지속됩니다. 이에 따라 기후탄력성을 높여
주기 위한 적응정책은 계속 필요합니다. 또한, 적응의 시급성과 관련해

서는 이상적인(abnormal) 기후현상이 일상화(abnormal)가 되어 이에 대한 대응은 미래 세대가 아닌 현 세대의 시급한 과제가 되었습니다. 과거에는 개도국 중심으로 피해를 입었으나, 지금은 선진국의 피해도 늘어나고 있는 추세입니다.

이와 같이 감축과 적응은 모두 중요한데, 서로 다른 개념이어서, 감축과 적응이 서로 연관성이 없는 것처럼 보이지만, 파리협정 제7조에서는 감축과 적응 간의 상관관계를 명확히 규정하고 있습니다. 즉, 감축 노력을 많이 하면 할수록 추가적인 적응 노력의 필요성을 줄일 수 있고, 이는 적응 비용을 줄일 수 있다는 뜻입니다. 또한, 감축 노력을 적게 하면 지구온난화가 빨리 진행되는데, 이렇게 되면 적응의 필요성이 더 크게 되어 더 많은 적응 비용이 수반된다는 것입니다.

이에 따라, 기후위기를 대응함에 있어 온실가스를 감축하려는 노력과 더불어 적응정책 모두 공히 중요하며 이를 균형있게 접근하는 것이 필요하다고 하겠습니다.

기후변화에 대한 기본 이해

2

지구사회 기후변화 대응의 헌장: 파리협정에 대한 이해

• • •

지구사회의 기후변화 대응 과정에서 헌장과 같은 역할을 하는 것이 파리협정입니다. 그러나, 일반인은 물론 전문가들도 파리협정에 대해서 잘 모르는 경우가 종종 있습니다. 이 장은 파리협정 자체, 즉 파리협정의 조문과 이를 이해하기 위한 배경정보를 중심으로 설명을 하고 있습니다. 파리협정은 국가결정기여(NDC) 중심으로 자발적이지만 야심찬 기후변화 대응계획을 마련하여, 재원·기술·역량강화 등 파리협정 3대 이행요소를 중심으로 투명성 원칙과 전 지구적 점검을 통해서 이행이 효과적으로 되는지 검토하고 대응 방안을 마련할 수 있도록 하고 있습니다. 파리협정은 기후변화가 부담이 아닌 새로운 기회 창출의 보고라는 것을 이해할 수 있도록 돕고 있습니다.

기후변화협약, 교토의정서, 그리고 파리협정까지의 전개과정

기후변화 대응을 위한 국제사회의 가장 중요한 메커니즘은 유엔기후변화
협약 체제라고 합니다. 유엔기후변화협약, 교토의정서, 파리협정으로 발
전한 유엔기후변화협약 체제는 구체적으로 어떻게 발전하여 왔는지요?

기후변화 대응을 위한 국제사회의 가장 중요한 메커니즘은 유엔기
후변화협약(UNFCCC) 체제입니다. 이는 1992년 리우데자네이루에서 열
린 세계환경정상회의에서 채택되었으며, 기후변화에 대한 국제사회의
대응을 위한 기본 틀을 제공합니다. 협약의 목적은 대기 중 온실가스
농도를 안정화하여 기후시스템에 위험한 인류 활동의 영향을 방지하는
것입니다.

UNFCCC는 주요 원칙으로 형평성, 공동의 차별화된 책임 및 국가
별 능력의 고려, 예방적 조치, 지속가능발전의 권리, 지원적·개방적 국
제경제시스템 촉진 등을 천명하고 있습니다. 그리고 모든 국가에 적용
되는 일반의무사항으로 온실가스 배출량의 조사·보고, 기후변화 예방
및 적응을 위한 국가전략 수립·시행, 연구·개발, 교육·홍보 등을 규
정하고 있으며, 특히 선진국(부속서 II 국가)에 대해서는 개도국의 온실가
스 감축대책 소요비용에 대한 지원과 기술이전 등의 추가적인 의무를
부과하고 있습니다.

UNFCCC는 기본 원칙과 선언적인 의무 사항들을 규정하는 기본법 성격의 국제조약입니다. 따라서 구체적인 의무사항에 대한 구속력 있는 부속 법안이 필요한데, 이에 대한 협상의 결과가 1997년 일본 교토에서 열린 제3차 UNFCCC 당사국총회(COP3)에서 채택된 교토의정서입니다. 이는 UNFCCC의 구체적인 이행 방안을 담고 있으며, 국가에 구체적인 이행 의무를 부과하는 차원의 법적 구속력을 가진 최초의 기후변화 관련 국제조약입니다.

교토의정서는 선진국에 대해 2008년부터 2012년까지 온실가스 배출량을 1990년 대비 평균 5.2% 감축하여야 한다는 목표를 규정하고 있는데, 국가별로는 각국의 여건을 반영하여 -8%에서 +10%까지 차별화된 목표를 설정하고 있습니다. 그리고 이러한 감축의무를 효율적으로 달성하도록 하기 위해 국가 간 온실가스 배출권을 거래할 수 있도록 허용하고 있습니다. 즉, 어느 한 국가가 온실가스 감축목표를 초과 달성할 경우 다른 국가에 초과 달성분에 상당하는 온실가스 배출권을 판매할 수 있고, 반면에 감축목표를 달성하지 못한 국가는 미달성 분에 상당하는 온실가스 배출권을 구매함으로써 의무를 대신할 수 있습니다. 이러한 제도를 배출권 거래제라 부르는데, 교토의정서는 국가 간 배출권 거래제를 적용한 역사상 첫 번째 사례로 기록되었습니다. 교토의정서는 국제 배출권 거래제와 함께 청정개발체제(CDM)와 공동이행제도(JI)라는 두 가지 유연성 메커니즘을 도입하였습니다. 청정개발체제는 선진국이 개발도상국에서 온실가스 감축 프로젝트를 통해 감축 실적을 인정받는 제도이며, 공동이행제도는 선진국 간의 감축 활동을 통한 실적을 공유하는 방법론입니다. 이처럼 다양한 유연성 메커니즘이 도입됨으로써 글로벌 탄소시장이 본격적으로 출범하게 되었습니다.

교토의정서는 역사상 최초로 구체적인 환경보호 의무를 규정한 국제조약이라는 성과와 함께 글로벌 탄소시장을 태동시킨 기념비적인 사건으로 기록되었습니다. 하지만 이에 대한 합의 이후 다양한 문제를 노출하며 실질적인 성과를 거두는 데에는 실패하게 됩니다. 특히 세계 최대 온실가스 배출국인 미국의 불참은 회복할 수 없는 타격을 입히게 됩니다. 이후 캐나다와 뉴질랜드도 탈퇴하면서 교토의정서는 사실상 EU 지역만 감축목표를 이행하는 반쪽짜리 국제협약으로 유지되다가 파리협정 체제로 전환되게 됩니다.

교토의정서가 실패하게 된 데에는 규제적 접근방식의 한계와 선진국 중심의 감축의무 이행이라는 불균형이 지적되고 있습니다. 정치적 협상을 통해 강력한 수준의 국가별 감축목표에 합의하였으나 이를 강제할 만한 페널티나 인센티브를 갖추지 못함에 따라 자국의 경제적 이해를 우선으로 하는 다수 선진국의 이탈을 막지 못했습니다. 또한 선진국에 한정된 온실가스 감축의무 부과는 급속히 성장하는 신흥 개도국과의 경쟁에서 뒤쳐질 수 있다는 선진국의 우려를 심화시켜 선진국·개도국 간 협력 구도를 와해시키는 결과를 초래하였습니다. 이처럼 선진국에 한정된 하향식 감축 의무 부과 체제의 한계가 분명해짐에 따라 국제사회는 새로운 대안을 모색하게 되었습니다. 그 결과 2015년 파리에서 열린 제21차 UNFCCC 당사국총회(COP21)에서 파리협정이 대안으로 채택되었습니다.

파리협정은 모든 당사국이 참여하는 새로운 기후변화 대응 체제로, 역사상 처음으로 글로벌 온도 상승 억제 목표를 구체화했습니다. 산업화 이전 대비 지구 평균 기온 상승을 2도 이하로 제한하고, 1.5도 이하로 억제하기 위해 노력한다는 점을 명시했습니다. 무엇보다도 강제적인 감축의무 부과 대신에 국가결정기여(NDC)에 기초한 분권화된 시스템을 도입하였습니다. 이에 따라 선진국뿐만 아니라 개도국을 포함하는 모든 당사국이 자발적으로 감축목표를 설정하고, 5년마다 이를 갱신하도록 하였습니다. 감축목표를 자발적으로 설정하는 대신에 감축 이행 상황을 투명하게 보고하고 검토하는 메커니즘을 도입하고 법적 구속력을 부여하였습니다. 바야흐로 모든 당사국을 대상으로 하는 자발적 감축목표 설정과 구속력 있는 이행 검토라는 새로운 글로벌 기후변화 협력 시스템이 출범하게 된 것입니다.

파리협정은 감축뿐만 아니라 적응의 중요성도 함께 강조하고 있으며, 기후변화에 따른 손실과 피해에 대한 고려가 포함되었다는 점에서 개도국의 입장이 반영되었습니다. 또한 배출권 거래, 청정개발체제, 공동이행 등 교토의정서의 유연성 메커니즘과 유사한 국가 간 감축실적의 이전에 대한 규정을 포함하여 글로벌 탄소시장의 확대·발전을 도모하고 있습니다.

이처럼 기후변화 해결을 위한 국제사회의 노력은 UNFCCC의 채택을 시작으로 교토의정서와 파리협정으로 발전해 왔습니다. 교토의정서는 법적 구속력을 가진 최초의 협약으로 중요한 역할을 했지만, 규제적 접근방식의 한계로 인해 실패를 경험했습니다. 반면, 파리협정은 자발적인 목표 설정과 투명한 이행 점검이라는 패러다임 전환을 통해 모든 국가가 참여하는 포괄적이고 유연한 체제로 발전했습니다.

2-2 파리협정의 목표와 목적

유엔기후변화협약은 '인위적인 간섭을 받지 않는 수준으로 대기 중 온실가스 농도의 안정화 달성'을 궁극적인 목적으로 명시하고 있고, 교토의정서는 부속서 I 국가들이 총 온실가스 배출량을 제1차 공약기간(2008~2012) 동안 '1990년도 수준의 5% 이상 감축'하는 것을 목표로 명시하였습니다. 그렇다면 파리협정의 목표와 목적은 무엇일까요?

파리협정은 제2조 제1항에서 유엔기후변화협약의 궁극적인 목적인 "기후체계가 위험한 인위적 간섭을 받지 않는 수준으로 대기 중 온실가스 농도의 안정화 달성"을 위한 이행을 강화하라고 가장 먼저 다룸으로써 기후변화협약의 목적을 파리협정의 목적으로 이어받았습니다. 이어서 기후변화의 위협에 대한 전 지구적 대응을 강화하는 것을 목표로 다음의 3가지를 파리협정의 목표로 명시하고 있습니다.

① 산업화 전 수준 대비 지구 평균 기온 상승을 2℃보다 현저히 낮은 수준으로 유지하는 것과 함께 1.5℃로 제한하기 위한 노력의 추구

② 기후변화의 부정적 영향에 적응하는 능력과 기후 회복력 및 온실가스 저배출 발전을 증진하는 능력의 증대

③ 온실가스 저배출 및 기후 회복적 발전 방향에 부합하는 재정 흐름의 조성

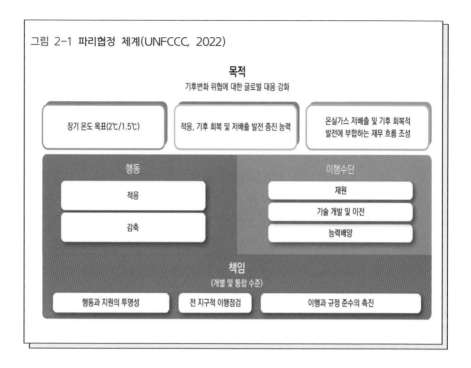

그림 2-1 **파리협정 체계(UNFCCC, 2022)**

목적
기후변화 위협에 대한 글로벌 대응 강화

장기 온도 목표(2℃/1.5℃)

적응, 기후 회복 및 저배출 발전 증진 능력

온실가스 저배출 및 기후 회복적 발전에 부합하는 재무 흐름 조성

행동
적응
감축

이행수단
재원
기술 개발 및 이전
능력배양

책임
(개별 및 통합 수준)
행동과 지원의 투명성
전 지구적 이행점검
이행과 규정 준수의 촉진

즉, 기후변화협약의 이행을 강화하기 위한 파리협정의 가장 중요한 목표는 지구 평균 기온 상승을 산업화 이전 대비 2℃ 이하로 유지하고, 더 나아가 기후변화 위험을 크게 줄이기 위해 온도 상승을 산업화 이전 수준보다 1.5℃로 제한하는 노력을 추구하는 것입니다.

다른 목표는 기후변화의 부정적 영향에 적응하고 온실가스 저배출 발전 경로를 육성하는 것으로 재정, 기술 개발 및 이전, 능력배양에 대한 지원체계를 통해 개발도상국이 저배출 발전 경로를 개발하는 데 필요한 재정 흐름을 조성하는 능력을 향상시키는 것입니다.

파리협정은 전 지구적 기후변화 대응이라는 단일 목표로 경제적, 정치적, 사회적 상황이 서로 다른 국가들을 공동대응체로 묶는 데 성공하였습니다. 그러나 파리협정은 뒤에 설명되는 바와 같이 다양한 국가 상황을 고려하여 형평성과 공통이지만 차별화된 책임 및 각자의 능력을 반영하도록 함으로써 전 지구적 기후변화 대응에 대한 강한 이행력을 확보하지 못하는 한계를 가지게 되었습니다. 이에 따라 파리협정은 이러한 한계를 개도국의 기후변화 대응 능력을 증진시킴으로서 보완할 수 있도록 재정, 기술 개발 및 이전, 능력배양을 지원하는 체계를 갖추고, 제3조를 통해 효과적인 이행을 위해서 개발도상국에 대한 지원이 필요함을 강조하였습니다.

특히 재원은 개발도상국이 파리협정의 6개 핵심 분야의 이행에 가장 중요한 분야로 감축과 적응 분야는 전 지구적 온실가스 배출량의 감축을 위한 조건부 감축목표 이행 지원, 기후변화의 부정적 영향에 적응하는 능력과 기후회복력 강화 지원은 국가 간 감축협력사업, 적응기금, 손실과 피해 기금 등과 이미 같이 구체화된 재정 흐름을 가지고 있으며 더 확대될 전망입니다. 기존의 감축과 적응 분야 외에도 파리협정은 제9-11조에서 재원, 기술 개발 및 이전, 능력배양에 대한 지원체계를 갖추고 이에 대한 선진국의 지원을 명시하였습니다.

파리협정 제9조에 명시되어 있는 재원은 재원 조성과 제공, 보고와 검토, 재정지원체계, 지원기관 등 체계적인 재정지원체계를 갖출 것을 요구하고 있습니다. 재원 조성과 제공의 경우, 재원 조항의 핵심이라고 볼 수 있는 재원 제공 및 조성의 주체를 명시하고 있으며 개발도상국의 기후대응을 위한 재원조성은 퇴보해서는 안 된다는 진전원칙을 함께 명시하고 있습니다. 보고와 검토의 경우, 선진국들이 개발도상국들을 위해 제공하고 조성한 지원 금액을 보고해야 하는 의무를 명시하고 있습니다. 재정지원체계는 녹색기후기금과 지구환경기금이 파리협정의 이행도 지원해야 함을 명시하고 있으며, 마지막으로 지원기관 고려사항에서는 파리협정의 지원하는 기관들이 고려해야 하는 사항들에 대해 명시하고 있습니다.

이외에도 현재 파리협정 당사국총회에서는 코펜하겐 합의문에 제시되었던 1천억 불을 근거로 새로운 기금 마련을 위한 협상이 진행되고 있으며, 이는 향후 재정지원의 큰 축으로 활용될 것으로 예상됩니다.

파리협정 제 2 조

1. 이 협정은, 협약의 목적을 포함하여 협약의 이행을 강화하는 데에, 지속가능한 발전과 빈곤 퇴치를 위한 노력의 맥락에서, 다음의 방법을 포함하여 기후변화의 위협에 대한 전 지구적 대응을 강화하는 것을 목표로 한다.

   가. 기후변화의 위험 및 영향을 상당히 감소시킬 것이라는 인식하에, 산업화 전 수준 대비 지구 평균 기온 상승을 섭씨 2 도보다 현저히 낮은 수준으로 유지하는 것 및 산업화 전 수준 대비 지구 평균 기온 상승을 섭씨 1.5 도로 제한하기 위한 노력의 추구

   나. 식량 생산을 위협하지 아니하는 방식으로, 기후변화의 부정적 영향에 적응하는 능력과 기후 회복력 및 온실가스 저배출 발전을 증진하는 능력의 증대, 그리고

   다. 온실가스 저배출 및 기후 회복적 발전이라는 방향에 부합하도록 하는 재정 흐름의 조성

2. 이 협정은 상이한 국내 여건에 비추어 형평 그리고 공통적이지만 그 정도에 차이가 나는 책임과 각자의 능력의 원칙을 반영하여 이행될 것이다.

2-3 파리협정을 통한 기후변화협약의 이분법적 접근방법의 한계의 극복

1992년 유엔기후변화협약이 채택된 이후 2015년 파리협정이 채택될 때까지 국제사회의 기후변화 대응은 선진국과 개도국의 이분법적 접근방법으로 인해서 여러 가지 어려움을 겪었다고 합니다. 기후변화 문제는 지구사회의 하나의 기후체계에 대한 것인데 선진국과 개도국으로 구분하여 접근하는 것이 훨씬 더 효과적인 것이었을까요? 만일 선진국과 개도국의 이분법적 접근방법이 비효율적이라면 왜 이러한 접근방법을 사용하게 되었을까요? 선진국과 개도국의 구분 기준은 어디에서 찾아볼 수 있는 것인지요? 현재의 파리협정은 선진국과 개도국의 구분을 없애고 모든 국가에게 공통적으로 적용이 되는 체제를 갖추었다고 하는데, 과연 현재 파리협정의 접근방법은 가장 효율적인 방법인가요? 파리협정 협상 과정에서 어떻게 이분법적 접근방법을 극복하였는지요?

인류사회에 기후변화 문제가 본격적으로 등장한 것은 그 역사가 그리 오래되지 않았습니다. 기후변화 문제는 지구사회의 환경문제의 하나로 등장하기 시작하였는데, 이러한 맥락에서 보면 최초의 국제환경문제 문서는 1972년 스톡홀름 지구환경회의에서 채택된 스톡홀름 선언입니다. 사실, 지구사회의 보편적인 성격을 지니고 다양한 문제를 해결하려는 대표적인 국제기구는 보통 유엔이라고 합니다. 유엔의 기초가 되는 유엔헌장이 1945년에 채택이 되었으니, 유엔 창설 당시에는 기후변화는 물론 일반적인 지구 환경문제는 고려 대상이 아니었습니다. 그 후

약 30년이 지난 시점에서 스톡홀름에서 지구 환경회의가 처음 개최되었는데, 벌써 유엔 창설 당시와는 지구사회의 사정이 많이 달라져 있었습니다. 제2차 세계대전 전승국 중심의 유엔이 아니라 식민지배를 당했던 아프리카, 아시아 및 라틴 아메리카 지역 국가들이 대거 독립을 하면서 유엔 총회를 중심으로 다수의 영향력을 행사하기 시작한 시점인 것입니다. 이 때문에 1972년에 개최된 스톡홀름 회의에서 제기된 환경보호가 고급 친환경 기술을 갖고 있지 못했던 이들 개발도상국들에게 또 다른 환경 제국주의의 시작이 아닌가 하는 의구심을 불러 일으키게 되었습니다.

기후변화 문제는 국제사회에 최초로 등장한 것이 1992년 유엔기후변화협약의 채택을 통해서입니다. 1972년 스톡홀름 지구환경 회의 이후 냉전과 함께 제3세계의 목소리가 더욱 강해져 가는 때에 등장한 기후변화 대응 논의도 선진국과 개도국의 이분법적 흐름을 강하게 반영할 수밖에 없었습니다. 스톡홀름 지구환경 회의 때와 마찬가지로 아직은 기후변화의 원인과 영향 그리고 그 해결책에 대해서 명쾌한 과학적 증거들이 제시되지 않던 시점에서 개도국의 기후변화 대응이란 미명하에 선진국들의 발달한 환경기술과 대응 능력은 다시 한번 개도국을 어렵게 만들 수 있다는 우려가 강했습니다. 여기에 더해서 그동안 밝혀진 과학적 증거들은 지구사회의 기후변화는 산업혁명 이후 선진국들의 경제발전 과정에서 무분별한 화석연료의 사용의 결과이고, 개도국은 기후변화 문제에 대한 책임이 상대적으로 많지 않다는 것을 보여주었습니다.

이러한 배경에서 기후변화 문제는 공동의 문제이지만 그 책임과 능력에 따라서 차별적인 책임을 부담해야 한다는 소위 공동의 그러나 차별적인 책임원칙(Common But Differentiated Responsibilty: CBDR)이 기후변화 체제의 기본적인 원칙으로 자리잡으면서 선진국과 개도국이 서로 다른 책임을 부담해야 한다는 이분법적 접근방법은 고착화되었습니다.

유엔기후변화협약(UNFCCC) 체제에서 시작된 이분법적 접근방법은 1997년에 채택된 교토의정서에서 보다 구체화되었습니다. 즉, 교토의정서는 선진국(보다 정확하게는 서방 세계 국가와 구소련 세력하에 있던 동구권 국가들)을 교토의정서의 부속서 I에 열거하고, 이들은 1990년대 배출량 대비 2012년까지 평균 5% 온실가스를 감축할 의무를 부과하였습니다. 이에 비하여 열거되지 않은 대다수의 개도국들은 비부속서 I 국가라고 부르면서 아무런 조약상 의무를 부과하지 않았습니다.

1990년대 기준으로 하면 지금 국제사회 온실가스 배출 1위가 된 중국만 하더라도 대량의 온실가스를 배출하고 있지는 않았기에, 우선 급한 기후변화 문제 해결을 위한 해결책으로 받아들일 수 있었습니다. 그러나 2012년 이후의 온실가스 배출을 어떻게 줄일 것인가를 논의하면서 과학적으로 놀라운 사실을 알게 되었습니다. 2100년 기준으로 2009년경 당시의 국제사회의 대응 체제에 따른 온실가스 예상 배출량을 추정해보니 놀랍게도 선진국보다 개도국이 훨씬 더 많은 온실가스를 배출할 것으로 예상된 것입니다. 중국, 인도, 인도네시아, 브라질, 남아공, 멕시코 그리고 우리나라의 온실가스 배출량은 천문학적으로 늘어나는데 아무런 감축 의무를 지고 있지 않으니 급속한 경제성장에 따른 온실가스 배출이 급격히 늘어날 것은 불을 보듯 자명한 사실이었습니다.

인류 생존을 위해서는 국제사회의 온실가스 배출을 줄여야 한다는 당위론적인 측면에서 보면 당연히 개도국, 특히 선발 개도국들은 선진

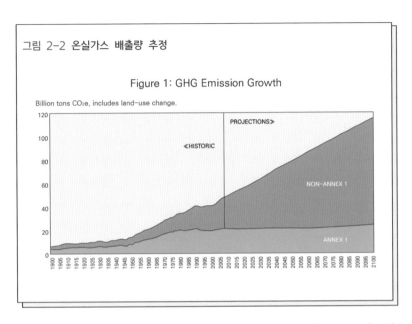

그림 2-2 온실가스 배출량 추정

Figure 1: GHG Emission Growth

출처: *Historic Emissions from Carbon Dioxide Information Analysis Center*(2009), *and Projected Emissions Growth from International Energy Agency*(2009)

국과 같이 온실가스 배출을 줄이는 노력을 해야 할 것입니다. 가장 이상적인 상황은 위 그림에서 부속서 I 국가와 비부속서 I 국가의 경계를 없애고 공동의 노력을 같이 하면 좋겠지요. 그러나 개도국의 환경 제국주의에 대한 두려움, 기후변화 대응으로 인한 경제 성장 기회 상실의 우려는 국익으로 대변되는 자국 이익 우선주의를 불러일으키고 개도국이 선진국과 같이 온실가스 감축 의무를 부담하는 것은 애당초부터 실현 불가능한 전제였습니다. 이로 인해서 2009년 코펜하겐 기후변화 회의에서 마무리하려고 했던, 2012년 이후 유엔기후변화협약 체제의 온실가스 감축을 위한 새로운 체제 도입은 실패로 돌아갔습니다.

아무리 노력을 해도 사회의 변화가 오지 않으면 그 사회에서는 혁명이 발생하곤 합니다. 이분법적 접근방법에 의한 기후변화 대응 체제는 선진국이든 개도국이든 모두 기후변화 대응이란 당위론 뒤에 숨어 있는 비용 부담이라는 두려움으로 더 이상의 진전을 이뤄낼 수가 없었습니다. 이를 극복할 수 있는 것은 선진국과 개도국 모두에게 비용이 아닌 기회의 장으로서 기후변화 대응을 이끄는 것이었습니다. 놀랍게도 유엔 기후변화 협상에서는 2011년 더반 유엔 기후변화 회의에서 2015년까지 선진국과 개도국 모두에게 공히 적용될 수 있는(applicable to all) 새로운 체제에 합의를 하기로 하였습니다. 2013년 바르샤바 유엔 기후변화 회의에서는 의무 부담 대신에 국가가 자발적으로 기여(Intended Nationally Determined Contributions: INDC)한다는 새로운 용어에 합의를 하고, 마침내 2015년 파리협정에서는 최종적으로 국가결정기여(Nationally Determined Contributions: NDCs)라는 용어로 최종적으로 합의를 하게 되었던 것입니다(따라서, 우리나라에서는 국가 온실가스 감축목표라고 번역이 되어 사용하고 있는데 이는 시정이 필요합니다). 그렇다면 어떠한 기회를 선진국과 개도국에게 공히 줄 수 있는 것인가요? 자세한 내용은 국가결정기여(NDC)에 대한 설명 부분(질문 2-4 참조)을 참고하시면 좋겠습니다.

2-4 NDC와 장기저탄소발전전략

선진국만 참여했던 교토의정서 체제와는 다르게 모든 당사국이 참여하는 파리협정 체제에서 가장 중요한 것은 당사국들이 자발적으로 제출하는 국가결정기여(Nationally Determined Contributions)라고 합니다. 국가결정기여는 구체적으로 무엇을 기여하는 것이고, 국가가 결정하는 것은 무엇인가요? 그리고 국가결정기여와 관련된 장기저탄소발전전략(Long-term low greenhouse gas Emission Development Strategies)은 무엇이고, 국가결정기여와는 어떠한 관계인지도 설명해 주세요.

먼저 국가감축목표로 통용되고 있는 국가결정기여(Nationally Determined Contributions: 이하 NDC)라는 다소 생소한 명칭부터 설명이 필요합니다. 국가결정기여라는 명칭은 파리협정이 전 지구적 대응 강화라는 목표를 이행하는데 있어 형평성과 공동의 그러나 차별화된 책임(Common But Differenciated Responsibilities: 이하 CBDR) 및 각자의 능력의 능력에 따른다는 기후변화협약의 원칙(제3조 제1항)을 이어받은 영향이 큽니다. 파리협정은 모든 당사국이 참여하지만 감축으로 대표되는 기후변화 대응 의무는 국가마다 다르다는 CBDR 원칙에 따라 개도국은 감축 등에 대한 의무가 없기에 법적 강제성이 내재된 공약(commitment)이 아닌 '기여(contribution)'라는 용어를 사용하게 되었고, 같은 맥락에서 파리체제는 교토체제와 같이 공동의 감축목표에 대한 의무를 할당하는 방식을 적용하지 못하고 당사국들이 각자의 능력에 따라 목표를 설정하게 됨에 따라 국가결정(Nationally Determined)이라는 용어를 사용하게 되었습니다.

이러한 협상 결과가 나오게 된 것은 파리협정 체제에 개도국이 참여하는 수준에 대하여 선진국과 개도국의 입장 차이가 컸기 때문입니다. 선진국은 자신들이 교토의정서 체제에서 했던 것과 같이 개도국도 공약(commitment)을 제시하기를 원했지만, 개도국은 CBDR 원칙에 따라 공약이 아닌 비의무적 성격인 활동(action)으로 참여하겠다는 입장이었습니다. 이에 모두에게 적합한(applicable to all) 타협점으로 찾은 것이 법적 강제성은 없지만 단순한 행동을 넘어서는 적극적인 행동을 포괄하는 개념인 '기여(contribution)'이었던 것입니다.

이와 같이 국가별로 기후변화의 위협에 대한 전 지구적 대응 강화를 위한 목표를 설정하게 됨에 따라, 파리협정은 NDC 설정과 이행평가 및 관리를 위한 체계를 다음과 같이 규정하였습니다.

(범위) 파리협정은 제3조에서 "기후변화에 전 지구적으로 대응하기 위한 국가결정기여로서, 모든 당사국은 제2조에 규정된 이 협정의 목적을 달성하기 위하여 제4조, 제7조, 제9조, 제10조, 제11조 및 제13조에 규정된 바와 같이 의욕적인 노력을 수행하고 통보하여야 한다."라고 명시함으로써, 국가적 의무 범위를 기존과 같이 감축만이 아닌 적응, 재원, 기술 개발 및 이전, 능력배양, 강화된 투명성 체계까지 6개 분야로 확대하였습니다.

(원칙) 당사국은 NDC에 따른 인위적 배출과 흡수를 산정할 때, 파리협정 당사국총회가 채택한 지침에 따라 환경건전성, 투명성, 정확성, 완전성, 비교가능성, 일관성을 촉진하며, 이중계산의 방지를 보장해야

합니다.

(의무·주기·진전) 당사국은 5년마다 주기적으로 NDC를 준비하고, 통보하며, 유지해야 하고, 제출되는 NDC는 기존의 NDC보다 진전된 목표를 제시해야 합니다.

(법적 구속력) 전술한 바와 같이 파리협정은 법적 구속력을 가지지 않는 한계를 가지고 있습니다. 파리협정은 이를 보완하기 위하여 제4조 제2항에서 "당사국은 국가결정기여의 목적을 달성하기 위하여 국내적 감축 조치를 추구해야 한다."라고 명시하여, 국내적으로 NDC의 이행에 대한 구속력을 촉구하였습니다.

(유형) 파리협정은 선진국과 개도국에게 서로 다른 NDC 목표의 유형과 범위를 요구하고 있습니다. 선진국에게는 교토체제와 동일하게 경제 전반을 대상으로 절대량 배출 감축목표 설정방식을 요구하고 있고, 개도국에게는 계속적인 감축 노력 강화와 함께 경제 전반으로 배출 감축과 제한 목표로 나아갈 것을 권고하였습니다. 이에 따라 당사국(특히 개도국)들은 서로 다른 범위에서 다양한 유형의 목표를 제출하였는데, 대표적인 목표 유형은 절대량 배출 감축목표, BAU 대비 감축목표, 배출정점, 정책과 조치 등이 있습니다.

(정보제공) 이상과 같이 다양한 NDC가 제출될 수 있기 때문에 규정화된 NDC 지침을 마련하기는 어려운 상황이어서 파리협정은 당사국들에게 NDC를 준비할 때 적용된 원칙, 가정, 방법론 등 모든 관련된 정보를 투명하고 명확하게 제공할 것을 요구하고 있습니다. 정보제공은 7가지 항목(기준 배출량, 이행기간, 범위, 계획과정, 가정 및 방법론, 공평과 의욕, 기여)에 대해 총 39개의 세부 정보를 포함하고 있습니다.

(등록·조정) 당사국들이 제출한 국가결정기여는 UNFCCC 사무국이 관리하는 등록부를 통해 관리되어야 하고, 등록된 NDC는 당사국의 의욕 수준을 증진하기 위해서는 언제든지 조정할 있습니다.

(NDC 이행평가) 당사국의 NDC는 제13조에 따라 구축된 투명성 체계에서 기술전문가 검토와 촉진적 다자검토를 통해 평가되며, 이를 위해 당사국은 국가결정기여를 이행과 달성 그리고 진전하고 있는 지를 추적하는 데 필요한 정보를 제공해야 합니다.

이상과 같이 NDC는 파리협정에 따른 근본적인 혁신의 핵심으로 당사국은 NDC에 대하여 다양한 접근이 허용되며, NDC의 달성과 진행 상황을 추적하는데 사용되는 정보에 대하여 국가 결정권이 부여됩니다. 이는 당사국들이 다양한 지표를 사용하여 유사한 목표를 향한 진행 상황을 추적할 수 있음을 의미하며, 이는 당사국의 NDC의 수립과 달성을 고려할 때 강화된 투명성 체계에 새로운 과제를 안겨주게 되었습니다. 따라서 파리협정의 가장 핵심적인 두 가지 기본 구성 요소는 ① 당사국이 제공하는 정보를 바탕으로 NDC의 수립과 달성 및 진행 상황을 추적하는 것과 ② 이러한 NDC의 이행과 달성 여부를 평가하는 보다 광범위하고 강화된 투명성 체계라고 할 수 있습니다.

그러면 계속적으로 갱신되는 NDC는 언제까지 이행되어야 할까요? 파리협정 제4조 제1항은 '당사국은 금세기의 하반기까지 온실가스의 배출원에 의한 인위적인 배출과 흡수원에 의한 흡수·제거 간의 균형을 달성할 수 있도록 해야 한다'고 명시하고 있습니다. 이것이 흔히 탄소중립(carbon neutrality)으로 쓰이고 있는 장기저탄소발전전략(Long-term low greenhouse gas Emission Development Strategies: 이하 LEDS)의 수립과 이행에 대한 근거가 됩니다.

　탄소중립이란, 인간에 의해 발생하는 온실가스를 최대한 줄이고, 미처 다 줄이지 못한 온실가스 배출량은 산림 등 흡수원, 이산화탄소 포집·활용·저장(Carbon Capture, Utilization & Storage: 이하 CCUS) 기술 등을 활용한 흡수량으로 상쇄하여 실질적인 탄소 순 배출량을 '0(Zero)'이 되도록 하는 것을 의미합니다. 그러나, 당시에는 금세기 하반이라는 시간적 여유와 NDC와 같은 시급한 의제의 집중 논의 등을 이유로 탄소중립의 추진에 대한 구체적인 논의가 미진했고, 다만 2020년이라는 LEDS의 제출 시기는 합의되었습니다. 이후 IPCC(2018)가 1.5℃ 특별보고서를 통해 2030년까지 이산화탄소의 배출량을 2010년 대비 최소 45% 이상 감축하고, 2050년에는 탄소중립을 달성해도 2100년까지의 지구 평균 온도 상승이 1.5℃ 이내로 제한될 가능성이 50%에 불과하다고 보고함에 따라 2050 탄소중립 선언이 중요하게 다루어지게 되었습니다.

　이에 당사국들은 파리협정 제4조 제19항에 따른 제출의무가 있는 LEDS에 탄소중립 계획을 포함하여 발표하였습니다. 현재까지 73개 당사국(한국 포함)이 LEDS를 제출하였으며(2024년 7월 7일 기준), 각 당사국의 LEDS는 온실가스 감축목표 이행을 위한 계획을 포함하고 있습니다. 대부분의 당사국은 LEDS 이행을 위해 필요한 수단과 방법을 언급했지만, 분야별 구체적 감축목표를 제시한 국가는 일부에 지나지 않았고, 대부분의 국가는 구체적인 목표보다는 정책 방향이나 이행 계획을 선언적으로 발표하였습니다. 일부 당사국들은 이러한 계획의 이행을 위해 탄소중립을 법제화하거나 법안을 상정하고 있습니다.

파리협정 제 4 조

1. 형평에 기초하고 지속가능한 발전과 빈곤 퇴치를 위한 노력의 맥락에서, 제 2 조에 규정된 장기 기온 목표를 달성하기 위하여, 개발도상국 당사자에게는 온실가스 배출최대치 달성에 더욱 긴 시간이 걸릴 것임을 인식하면서, 당사자는 전 지구적 온실가스 배출최대치를 가능한 한 조속히 달성할 것을 목표로 하고, 그 후에는 이용 가능한 최선의 과학에 따라 급속한 감축을 실시하는 것을 목표로 하여 금세기의 하반기에 온실가스의 배출원에 의한 인위적 배출과 흡수원에 의한 흡수·제거 간에 균형을 달성할 수 있도록 한다.

19. 모든 당사자는 상이한 국내 여건에 비추어, 공통적이지만 그 정도에 차이가 나는 책임과 각자의 능력을 고려하는 제 2 조를 유념하며 장기저탄소발전전략을 수립하고 통보하기 위하여 노력하여야 한다.

2-5 파리협정의 투명성 체계

파리협정은 기본적으로 당사국들의 자발적인 참여와 결정을 기반으로 운영됩니다. 예를 들어, NDC 제출은 의무이지만 제출해야 하는 세부적인 사항들, 제6조 감축실적의 국가 간 이전 체계에 참여 여부, 또 개도국에게 재원·기술 개발 및 이전·능력배양 등을 지원하는 것 역시 당사국이 자발적이면서 주도적으로 결정하여 참여하는 것입니다. 그런데 파리협정 체계에서 국가들의 자발적인 행동에 의하지 않고 유일하게 강력하게 중앙집권적으로 접근하고 있는 분야가 투명성 체계라고 합니다. 투명성 체계는 파리협정의 척추와 같은 역할을 한다고도 하는데요. 이렇게 중요한 투명성 체계의 목적은 무엇이고, 어떠한 체계에 따라 투명성 이행을 평가하나요? 그리고 NDC의 의욕적인 상향을 위해서 파리협정은 NDC 제출 시기를 비롯한 다양한 보고 체계 시기를 계속적으로 도입하고 있는데, 이에 대해서 자세한 설명을 부탁합니다.

파리협정의 강화된 투명성 체계(Enhanced Transparency Framework: ETF)는 당사국들이 자발적으로 제출한 NDC를 잘 이행하고 있는지, 그리고 개별 국가들의 NDC 이행 총합이 전 지구적 대응 강화라는 파리협정의 목표를 달성하고 있는지 평가하기 위한 것입니다. 이에 따라 투명성 체계는 ① 당사국의 NDC 공표, ② 격년투명성보고서(Biennial Transparency Report: 이하 BTR) 제출, ③ 기술전문가 검토(Technical Expert Review: 이하 TER) 및 촉진적 다자 검토(Facilitative, Multilateral Consideration of Progress:

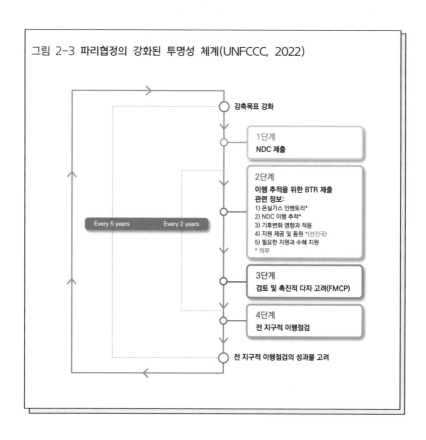

그림 2-3 **파리협정의 강화된 투명성 체계(UNFCCC, 2022)**

감축목표 강화

1단계
NDC 제출

2단계
이행 추적을 위한 BTR 제출
관련 정보:
1) 온실가스 인벤토리*
2) NDC 이행 추적*
3) 기후변화 영향과 적응
4) 지원 제공 및 동원 *(선진국)
5) 필요한 지원과 수혜 지원
* 의무

3단계
검토 및 촉진적 다자 고려(FMCP)

4단계
전 지구적 이행점검

전 지구적 이행점검의 성과물 고려

Every 5 years   Every 2 years

이하 FMCP) 그리고 ④ 전 지구적 이행점검(Global Stocktake: 이하 GST)으
로 4단계에 따라 추진됩니다(그림 2-3).

　① (NDC 수립·공표) 당사국은 파리협정 제3조와 제4조에 따라 진
전의 노력을 보이는 NDC를 5년 주기로 수립하여 공표해야 하며, 특히
투명성 체계는 NDC의 명확성, 투명성 및 이해를 위하여 필요한 정보들
을 함께 제공해야 함을 강조합니다. 당사국은 새로운 NDC를 수립할 때
전 지구적 이행점검의 결과를 반영하여 가능한 가장 높은 수준의 목표
수립을 지향해야 합니다.

② (BTR 제출) 기후변화협약 下에서 모든 당사국들은 국가보고서 (National Communication: 이하 NC) 제출 의무를 가지고 있으나 개도국의 NC는 원활히 제출되지 않았습니다. 이에 기후변화협약에 관한 당사국 총회(COP)는 칸쿤 합의문(2010)에 따라 NC는 4년 주기로 제출하고, NC 제출 후 2년 주기로 선진국은 격년보고서(Biennial Report: 이하 BR) 그리고 개도국은 격년갱신보고서(Biennial Update Report: 이하 BUR)를 제출하기로 하였습니다. BTR은 파리체제 이전에 선진국과 개도국이 서로 다르게 제출하던 BR과 BUR을 통합하여 모든 당사국들이 BTR로 동일하게 보고하도록 만든 것입니다. 당사국은 2024년 12월까지 첫 번째 BTR을 제출한 뒤에 2년마다 주기적으로 BTR을 제출해야 하며, 파리협정 이행에 대한 국가별 정보를 제공해야 합니다. 국가 GHG 인벤토리, NDC 이행 과정을 추적하는 데 필요한 정보와 함께 선진국은 개발도상국에 제공한 재정, 기술 개발 및 이전, 능력배양에 대한 지원 정보를 제출해야 하고, 개발도상국에게는 그들이 필요로 하고 받았던 모든 지원에 대한 정보 제출이 권장됩니다. 또한 모든 당사국은 기후변화 영향과 적응에 대한 정보를 제공해야 합니다. 그러나 개발도상국에게는 자신의 역량에 비추어 이러한 정보 중 일부만 보고할 수 있는 특별한 유연성이 제공됩니다. BTR이 중요한 것은 당사국들이 제출하는 구조화된 요약을 포함하여 NDC 회계에 대해 보고할 수 있는 수단이기 때문입니다. BTR에 보고되는 특정 정보는 NDC 회계 지침의 요구사항과 당사국이 선택한 회계 접근 방식에 따라 달라집니다.

③ (기술전문가 검토 및 촉진적 다자 검토) BTR에 대한 검토는 2단계로 진행되는데, TER은 BR에 대한 국제적 평가 및 검토(International Assessment and Review: 이하 IAR)와 BUR에 대한 국제적 협의 및 분석

(International Consultation and Analysis: 이하 ICA)을 통합하여 모든 당사국들이 동일한 기술적 검토를 받도록 만든 것이고, FMCP는 BR에 대한 다자평가(Multilateral Assessment: 이하 MA)와 BUR에 대한 촉진적 의견 공유(Facilitative Sharing of Views: 이하 FSV)를 통합하여 모든 당사국들이 동일하게 다자 검토를 받도록 한 것입니다. 당사국들이 제출하는 BTR 검토는 개별 국가와 집단적 이행 노력을 이해하는 데 필수적인 과정입니다. 기술전문가 검토는 MPG 준수 여부 등을 검토하고, 당사국에게 요구되는 보고사항에 대한 개선 등을 담은 평가보고서를 제공합니다. 이 평가보고서는 당사국이 제공한 기타 정보와 함께 당사국의 파리협정 이행 상태를 공개적으로 검토하는 FMCP에서 고려됩니다. BTR 보고와 검토 및 FMCP는 각 당사국별로 2년 주기로 진행됩니다.

④ (전 지구적 이행점검) 모든 당사국들과 이해관계자들이 참여하는 GST는 2023년에 처음 진행된 후 5년마다 주기적으로 추진됩니다. GST는 개별 당사국에 초점을 두지 않고, 파리협정의 목적과 장기 목표 달성을 향한 공동의 진행 상황(특히, 감축 이행 경로 등)을 평가하여 전 지구적인 파리협정 이행을 평가하는 과정입니다. GST는 GHG 인벤토리 정보, NDC 이행 상황, 재정·기술 개발 및 이전·능력배양 지원을 포함하여 당사국이 보고한 감축과 적응에 관련된 모든 정보를 바탕으로 형평성과 이용가능한 최고의 과학에 기반하여 총체적인 방식으로 기술적으로 평가하도록 설계되었습니다. GST의 목표는 당사국들의 목표 상향 의욕을 높이고, 퇴보를 방지하며, 기후 대응 조치에 대한 국제 협력을 강화하는 측면에서 진보적인 방식으로 차기 NDC를 수립하기 위한 것입니다. 전 지구적 이행점검(GST)에 대한 상세 설명은 제2장 제2-7번 질문에 대한 내용을 참고하시기 바랍니다.

2-6 파리협정의 3대 이행 요소 – 재원, 기술, 능력 배양

파리협정에는 3대 이행 요소가 있다고 합니다. 즉, 재원(Finance), 기술 (Technology) 그리고 능력배양(Capacity Building)이 그것인데요. 이러한 요소들은 상호 보완적이며, 파리협정의 목표를 달성하기 위해 긴밀하게 연계되어 이행됩니다. 기후변화의 직·간접적인 영향에 무방비상태로 노출되어 있는 국가들에 대한 재정적 지원과 기술이전, 그리고 능력배양을 통해 궁극적으로 개발도상국이 기후변화에 효과적으로 대응할 수 있도록 돕는 것이 핵심입니다. 이들 각 이행요소는 구체적으로 무엇을 의미하는지요?

기후변화 대응에는 막대한 자금과 기술이 필요한데, 경제발전의 정도가 선진국들에 비해 현저히 떨어지는 개도국들이 이를 자체적으로 마련하여 기후변화 대응에 나선다는 것은 현실적으로 불가능한 일입니다. 따라서 전 세계적 기후변화 대응을 촉진한다는 의미에서 선진국들은 개도국들에 재정 및 기술지원, 그리고 이들 개도국들의 자체적 기후변화 대응역량을 강화하여 주는 여러 가지 조치를 취할 필요가 있습니다. 파리협정의 목표인 대기평균기온 상승폭의 안정화를 달성하기 위해 개도국들에 대한 선진국들의 기여는 필수적이라고 할 수 있습니다. 아래에서는 이를 구체적으로 살펴보겠습니다.

선진국들이 개도국들에게 감축과 적응을 위한 재원을 지원하는 것

은 이미 기후변화협약에도 규정되어 있는 내용이었는데, 파리협정에서는 제9조에서 이를 더욱 구체화하고 있습니다. 이에 따르면 선진국들은 협약상 자신의 의무의 연속선상에서 감축 및 적응 모두에 대해 개도국을 지원하기 위해 재원을 제공하는 것으로 되어 있습니다. 특기할 점은 선진국이 아닌 국가들, 예를 들어 중국, 멕시코, 우리나라 등 선발 개도국들도 "자발적으로" 그러한 지원을 제공하거나 제공을 지속하도록 장려한다고 하여, 소위 남남 협력(South-South cooperation)의 가능성을 열어 놓았다는 사실입니다.

다만 지원될 재원의 규모에 대해서는 선진국들과 개도국들 간에 치열한 입장의 대립이 있었습니다. 파리협정 체결 당시 개도국들은 2009년 코펜하겐에서 개최된 제15차 기후변화협약 당사국총회에서 선진국들이 약속한 1,000억 달러의 재정지원 규모에서 더욱 상향된 금액을 정량적 목표로 확정하고자 노력하였습니다. 그러나 미국을 비롯한 선진국들은 기존에 제시된 재정지원 규모 이상을 추가 출연하는 데 주저 내지 반대하였으며, 결과적으로 파리협정에는 정량적 목표는 규정되지 않고, 대신 파리결정문 제53항에 이러한 목표를 언급하는 것으로 합의가 이루어졌습니다. 즉 파리결정문 제53항은 2025년까지 연 1,000억 달러 조성에 대한 현재 선진국의 노력을 지속하고, 2025년 이전에 이를 확대하는 방안을 설정하도록 하였습니다. 2024년에 발간된 OECD 보고서에 따르면 선진국들의 개도국에 대한 기후재원 규모는 매년 확대되어 2022년에는 1,159억 달러에 달하였는데, 이로써 파리협정문에 담긴 재원에 관한 협력의 정신이 온전히 실현되는 성과를 거두었습니다. 또한 파리협정 제9조 제3항에서는 기후재정에 대해서도 "이전보다 진전된 노력(progression beyond previous efforts)", 즉 진전의 원칙을 규정함으로써 재정지원을 지속적으로 확대해야 함을 명기하였습니다. 앞서 언급했던 OECD 보고서는 2013년부터 2022년 사이에 선진국들이 제공하는 기후재원이 2014년, 2015년을 제외하고 매년 그 규모가 증가하였음을 보이고 있어, 이러한 진전의 원칙도 성실히 이행되고 있다고 말씀드릴 수 있겠습니다.

더 나아가서 "기후 금융에 관한 신규 집단적 정량화 목표(New Collective Quantified Goal on Climate Finance, NCQG)"에 관한 논의가 속도를 내고 있습니다. 이는 파리협정의 맥락에서 설정된 새로운 집단적 정량화 목표로, 기후 금융에 관한 기존의 국제적인 약속과 목표를 재정의하고 강화하는 데 중점을 둡니다. 이 목표는 기후변화에 대응하기 위해 필요한 재정적 지원을 더욱 효과적으로 제공하기 위해 설정된 것입니다. NCQG는 현재의 기후 재정 목표를 대체하고, 개발도상국의 기후변화 대응과 적응을 지원하는 데 중요한 역할을 합니다.

파리협정 제10조는 기술개발 및 기술이전에 대해 기술개발 및 국제협력의 중요성 등을 선언적으로 규정하고 있습니다. 여기에서도 정량적 기술이전 목표의 설정을 놓고 선진국들과 개도국들 간의 대립이 있었는데, 개도국들은 감축에 대해 정량적인 목표를 설정한 것과 유사하게 기술이전에 대해서도 정량적인 목표를 설정해야 한다고 주장했지만, 미국 등 선진국들은 이에 찬성하지 않았습니다. 결과적으로 기술이전에 관해서는 정량적 목표 대신 모든 당사국이 "기술개발 및 이전의 완전한 실현의 중요성에 대한 장기적 비전을 공유"한다(파리협정 제10조 제1항)는 다소 애매한 형태로 합의가 이루어졌습니다. 아무튼 모든 당사국은 기술개발과 이전을 위해 협력을 강화하기로 하였으며(제10조 제2항), 이를 위해 기술 메커니즘과 기술 프레임워크를 설치하여 장기비전 달성을 위한 노력을 총괄하도록 하였습니다(제10조 제3항, 제4항). 기술 메커니즘은 정책기구인 기술집행위원회(Technology Executive Committee, TEC)와 이행기구인 기후기술센터네트워크(Climate Technology Center and Network, CTCN)로 구성되어 있으며, TEC는 기후기술에 대한 국제 정책 방향설정 및 권고안 제시를, CTCN은 개도국에 기술지원 제공 등 당사국 간 기술협력 지원을 담당하고 있습니다. 결론적으로 기술 메커니즘이 개도국 대상 기술개발 및 이전을 포함한 당사국들의 협력을 돕는 지원주체입니다.

능력배양의 경우 파리협정 제11조에서 규정하고 있으며, 개도국 특히 최빈국과 군소도서국의 기후변화 대응능력 형성에 초점을 맞추고 있습니다. 이를 위해 모든 당사국의 협력과 선진국의 개도국에서의 능력형성 활동에 대한 지원 강화 등이 강조되고 있습니다. 또한 파리결정문을 통해 파리능력배양위원회(Paris Committee on Capacity-Building)가 설립되어 개도국의 능력배양 이행 및 향상을 위한 문제를 담당하기로 하였으며, 효과적이며 지속가능한 개도국의 능력배양이 이루어지도록 정보를 제공하고 관련 행위자들의 지원 노력을 조율하고 있습니다.

2-7 전 지구적 이행점검의 내용과 그 중요성

반기문 사무총장은 2015년 파리협정 채택 당시 앞으로 파리협정 체제에서 가장 중요한 것은 전 지구적 이행점검(GST)이라고 할 정도로 파리협정의 성공여부를 결정할 수 있는 중요한 요소입니다. 2023년 UAE에서 개최된 유엔기후변화 회의에서는 최초의 전 지구적 이행점검이 이뤄졌습니다. 앞으로는 5년마다 전 지구적 이행점검이 이뤄질 것입니다. 이러한 파리협정의 제도에 따라서 우리나라의 기후변화 대응 정책도 계속해서 점검하고 우리의 노력을 더욱 상향하도록 해야 한다고 합니다. 전 지구적 이행점검은 무엇이고 왜 그렇게 중요한지 좀 더 자세히 설명해 주세요.

전 지구적 이행점검을 이해하기 위해서는 파리협정의 이행과 관련된 전체 구조를 먼저 이해할 필요가 있습니다. 파리협정은 국가별 온실가스 감축목표를 정하고 이를 국가에서 이행하는 의무를 할당하는 것이 아니라, 국가가 자발적으로 NDC를 통해서 기후변화 대응정책을 마련하고 이행함으로써 파리협정의 지구온도 '2도 상승 억제'를 실현하겠다는 접근방법을 갖고 있습니다. 이에 따라서 파리협정의 성공 여부는 각 회원국의 NDC 이행 여부에 달려있다고 볼 수 있습니다. 그렇다면 이러한 각국의 이행 상황을 잘 관리하고 회원국이 NDC 이행을 더 잘 할 뿐만 아니라 자국의 NDC를 더욱 개선할 수 있도록 유도할 필요가 있을 것입니다. 또한 개별적으로 이행되는 각국의 NDC가 지구사회의 전체적 맥락에서는 기후변화 대응에 얼마나 도움이 되고, 향후 각국의

NDC를 이행하는 데 공통적으로 개선보완해야 하는 점은 무엇일지를 파악하는 것도 중요할 것입니다.

파리협정은 국가들의 합의로 먼저 2020년까지 제1차로 NDC를 제출하도록 요청하고, 이러한 NDC는 5년마다 다시 개선하여 제출하기로 하였습니다. 이와 함께 올해 처음으로 각국이 제출하는 격년투명성 보고서(BTR)가 앞으로 2년마다 제출되면, 이를 통해서 파리협정 체제 차원에서는 국가들이 어떻게 NDC를 이행하고 있는지에 관한 기본적인 정보를 확보할 수 있습니다. 이렇게 확보된 정보를 바탕으로 지구사회 전체적 맥락에서 파리협정이 NDC를 통해서 얼마나 잘 이행이 되고 있고, 앞으로 개선해야 할 바가 무엇인지를 파악함으로써, 다음 NDC 준비 과정에서 필요한 보완을 할 수 있도록 모든 회원국이 파리협정의 이행을 점검하는 것이 전 지구적 이행점검입니다. 한마디로 말하여, 국가의 자발적 이행을 전제로 하는 파리협정 이행체제하에서 비강제적인 수단으로 기술적인 정보를 바탕으로 정치적인 이행평가 및 향후 보완책을 마련하는 메커니즘인 것입니다. 아마도 전 지구적 이행점검이 제대로 자리를 잡으면 최소한 5년마다 유엔 기후변화회의 장에는 각국의 수많은 정상들이 운집하게 될 것입니다.

위에서 설명한 것에 따라서 2023년 UAE 당사국총회에서 시행된 제1차 전 지구적 이행점검이 진행된 구체적인 경과와 그 결과에 대해 설명드리겠습니다. 2023년 UAE에서 개최된 당사국총회 기간 중 제1차 전 지구적 이행점검을 논의하기 위해서 다양한 사전 준비 절차가 진행되었습니다. 각 회원국은 감축, 적응, 이행수단 등 각 부분별로 진행한 장관급 회의는 물론 다양한 이해관계자들로부터 다양한 방법으로 유엔 기후변화협약 사무국은 의견을 청취하였습니다. 이를 바탕으로 해서

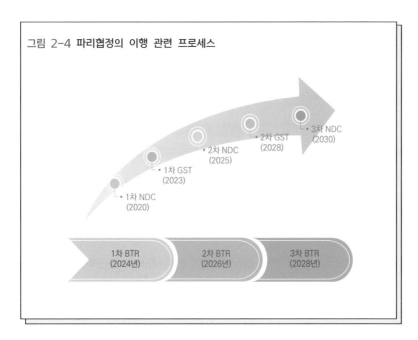

그림 2-4 **파리협정의 이행 관련 프로세스**

출처: 저자작성

UAE 유엔기후변화협약 당사국 총회 기간 중에 회원국들은 개별 이슈에 대해서 본격적인 논의를 하고 그 결과와 향후 개선 방향이 담긴 소위 'UAE 컨센서스'를 당사국총회의 결정문 형식으로 채택하였습니다. UAE 당사국총회에서 채택된 결정문을 분석하면 1차 전 지구적 이행점검의 결과와 향후 국제사회가 2025년 제2차 NDC 준비를 포함하여 중점적으로 대응해야 하는 이슈들을 알 수 있습니다.

먼저 NDC의 이행을 잘하면 온도상승을 기존 4도에서 2.8.−2.1도 정도까지 낮출 수 있음을 확인하였습니다. 그리고 1.5도 상승 목표를 달성하기 위해서는 온실가스 배출을 2019년 대비 2030년에 43%, 2035년에는 60% 감축이 필요하고, 2025년 이전에 배출정점에 도달 후 2050년 탄소중립을 달성해야 함을 확인하였습니다. 둘째 에너지 분야에서는 2030년까지 전 지구적으로 재생에너지 용량은 3배 확충하고, 에너지 효율은 2배 증가하며, 저감장치가 없는 석탄의 단계적 감축 및 에너지 시스템에서 화석연료로부터의 전환 등이 중요하게 다뤄졌습니다. 특히 주목할 점은 재생에너지 이외에, 원자력, 저탄소 수소, CCUS 등을 활용하는 것이 중요하다는 점이 합의되었다는 것입니다.

적응 분야에서는 전 지구적인 적응 목표를 수립하고 글로벌 차원에서 적응 문제 대응의 추진 방향에 대해서 합의하였습니다. 앞으로 전 지구적 이행점검을 통해서 적응 문제에 관한 지구적 차원의 현황을 점검하고 구체적으로 적응 정책의 추진 방향에 대해서도 합의하였습니다.

한편, 이행 수단에 관해서는 개도국 지원 강화를 위한 기술 이행 프로그램을 설립하고, 손실과 피해 관련 격년투명성 보고서에 포함된 보고서를 바탕으로 사무국이 정기 보고서를 마련하기로 하였습니다.

제1차 전 지구적 이행점검은 그동안 이행과 함께 향후 어떻게 대응 노력을 더욱 상향할 것인가에 대해서 논의를 한 것과 더불어서 2024년 유엔기후변화 회의부터 매년 전 지구적 이행점검 대화체를 개최하여서 전 지구적 이행점검의 결과가 어떻게 당사국의 NDC 준비 과정에서 필요한 정보를 제공하였는지 확인하기로 하였습니다.

이렇게 전 지구적 이행점검은 파리협정 이행 과정에서 중요한 이슈들에서 모든 회원국이 검토를 함으로써 과거의 이행성과를 평가하였고, 이를 바탕으로 차기 NDC 준비를 하는 데 더욱 기후변화 대응 의욕을 상향시킬 수 있을 것입니다. 5년마다 개최되는 전 지구적 이행점검은 각국의 정부 수반과 민간부문의 리더들이 참여를 하여, 기후변화 문제에 관한 기술적인 문제뿐만 아니라 정치적 의욕을 높일 수 있는 정기적인 회의 협의체로서의 역할을 잘 해나갈 필요가 있습니다.

제 14 조

1. 이 협정의 당사자회의 역할을 하는 당사자총회는 이 협정의 목적과 그 장기적 목표의 달성을 위한 공동의 진전을 평가하기 위하여 이 협정의 이행을 정기적으로 점검(이하 "전 지구적 이행점검"이라 한다)한다. 이는 완화, 적응 및 이행 수단과 지원 수단을 고려하면서, 형평과 이용 가능한 최선의 과학에 비추어 포괄적이고 촉진적인 방식으로 행하여진다.

2. 이 협정의 당사자회의 역할을 하는 당사자총회는 이 협정의 당사자회의 역할을 하는 당사자총회에서 달리 결정하는 경우가 아니면 2023 년에 첫 번째 전 지구적 이행점검을 실시하고 그 후 5 년마다 이를 실시한다.

3. 전 지구적 이행점검의 결과는, 이 협정의 관련 규정에 따라 당사자가 국내적으로 결정한 방식으로 행동과 지원을 갱신하고 강화하도록 또한 기후 행동을 위한 국제 협력을 강화하도록 당사자에게 알려준다.

2-8 손실과 피해의 의미와 손실과 피해 기금

지구사회에는 다양한 국가들이 다양한 형태로 기후변화에 영향을 받고 있습니다. 이들 국가들 중에는 국제사회 전체에서 특별한 관심과 지원이 필요한 국가들도 있습니다. 2022년 이집트 유엔기후변화 회의 당시에 손실과 피해 기금(Loss and Damage Fund) 설치에 선진국과 개도국의 모두 극적으로 합의했다고 합니다. 특히 태평양 군소 도서국, 최빈 개도국 (LDC)에게 중요하다고 합니다. 손실과 피해는 무슨 의미이며, 파리협정에는 이미 우리나라에 본부가 있는 녹색기후기금(GCF)나 유엔 체제 내의 환경재원기구인 지구환경기금(GEF)가 있는데 왜 또 손실과 피해 기금이 필요한 것인지요?

기후변화 대응을 함에 있어서 가장 중요한 것이 온실가스 감축과 적응이라는 사실은 누구나 다 알고 있습니다. 그런데 파리협정에서는 이러한 감축과 적응문제와 함께 파리협정의 목적을 규정한 제2조에서는 재원의 확보(financial flow)를 세 번째 목적으로 규정하고 있습니다. 사실 아무리 좋은 대응 방안이라고 하더라도 재원(돈)이 없으면 현실화를 시킬 수 없기 때문이지요.

기후변화 적응 문제는 선진국, 개도국 모두에게 중요한 문제이지만, 스스로의 대응 능력이 부족한 개도국에게는 더욱 중요한 의미를 갖습니다. 이 때문에 파리협정 체제에서 적응 어젠다는 주로 개도국이 주도를 하면서 이들의 이해를 반영하는 창구로 활용되어 왔습니다. 이러한 적응문제 중에서도 최빈국이나 군소도서국가와 같이 자체적인 대응능력이 매우 부족하면서도 기후변화로 인한 피해가 심각한 국가들에 대해서는 특별한 대응조치가 필요합니다. 이에 따라서 파리협정에서는 이러한 문제를 다루기 위해서 손실과 피해에 관한 조항을 별도로 두고 있습니다.

사실 이러한 손실과 피해에 대한 논의는 유엔기후변화협약 체제 내에서는 꽤 오랫동안 진행되어 왔습니다. 2013년으로 거슬러 올라가면 기후변화에 취약한 국가들의 손실과 피해를 종합적이고 통합적으로 해결하기 위해서 소위 바르샤바국제메커니즘(WIM, Warsaw International Mechanism)과 그 집행위원회(ExCom, Executive Committee)를 설립하였습니다. 향후 이 바르샤바국제메커니즘을 중심으로 기후변화 위험 관리에 관한 지식과 이행 증진, 이해관계자들 간의 소통 및 조정, 시너지 효과 강화, 재정과 기술 및 역량강화(즉, 파리협정의 이행수단)를 포함한 활동지원 증진들에 대해서 논의를 진행하기로 한 것이지요. 그러나 구체적인 논의가 지지부진해지자 2019년에는 그간의 진행상황에 대해서 검토평가를 한 후에 재정메커니즘과 연계를 강화하고, 효과적인 기술지원을 위해서는 산티아고 네트워크(Santiago Network)를 설치하기로 했습니다. 그 이후 2021년에 글라스고에서 개최된 제26차 당사국총회에서는 이해관계자들 간의 소통을 강화하고, 특히 재원에 관한 논의를 강화하기 위해서 글라스고 대화체(Glasgow Dialogue) 설립에 당사국들이 합의를 했습니다. 이어 2022년에 이집트 알함세이크에서 개최된 제27차 당사국총회에서는 손실과 피해 이슈에 대한 논의에서 획기적인 성과를 거두었습니다. 바로 손실과 피해기금을 설립하기로 한 것이지요. 선진국과 개도국 간의 대립으로 합의가 불가능할 것만 같던 이 문제는 미국과 중국이 이 문제에 대한 상호 협력 의지를 확인하고 막후 조정을 하면서 극적으로 설립에 합의하는 데 큰 힘을 보태기도 했습니다.

우리나라에 본부를 두고 있는 녹색기후기금을 설립할 때와 마찬가지로, 향후에는 이 기금의 재원마련, 거버넌스 구축 및 구체적인 사업방안 마련 등 다양한 이슈들에 대해서 당사국이 협의하여 새롭게 출범한 펀드가 제대로 역할을 할 수 있도록 해야 할 것입니다. 2024년 현재 손실과 피해 기금은 약 6.6억 달러 규모로 집계되고 있습니다. 우리나라는 아직 손실과 피해 기금에 기여를 하고 있지 않습니다. 향후에 글로벌 기후변화 리더십 차원에서 체계적인 대응 전략이 관계부처 간에 마련이 되고, 이러한 우리의 정책과 연계가 될 수 있도록 손실과 피해기금에 대한 재정기여를 하고 시너지 효과를 내도록 해야 할 것입니다.

이러한 손실과 피해에 대한 다양한 정책과 제도가 마련이 되면, 주로 어느 지역의 어떠한 국가들이 혜택을 보게 되고, 우리는 그들과 어떠한 협력이 가능할까요? 국제사회 전체로 보면 손실과 피해 이슈에 당사자인 최빈개도국이나 군소도서국가는 다양한 지역에 산재되어 있습니다. 그중에서도 태평양 도서국가 및 아프리카 최빈개도국들과 손실과 피해 대응 맥락에서 기후변화 협력이 가능할 것입니다. 먼저 태평양 군소도서 국가들의 경우 유엔기후변화협약 체제 내에서도 대표적인 이해관계자 그룹을 형성하고 있는 국가들이면서 해수면 상승으로 인해서 국가 소멸 위기에 직면해 있기도 한 국가들도 포함하고 있는 지역입니다. 이 국가들과의 손실과 피해 차원에서의 구체적인 협력 방안 마련은 우리 정부가 공을 들이고 있는 인도태평양 지역 외교 전략과도 연계가 가능할 것입니다. 태평양도서국가의 손실과 피해 문제에 관한 전략을 개발하고 이를 인태지역 파트너 국가(예컨대 미국, 호주, 일본 등)와 공조를 통해서 이들에 대한 다양한 지원에 시너지 효과를 가져올 필요가 있습니다. 물론 이러한 전략 개발과 협력 방안 모색은 손실과 피해 기금에에 대한 기여방안과 연계되어야 합니다.

또 다른 협력 대상은 아프리카 국가들입니다. 아프리카는 인구와 경제활동이 증가하고 있지만 여전히 최빈 개도국이 대부분입니다. 이들은 기후변화 대응 능력이 취약하지만, 선진국의 도움을 잘 받는다면 새로운 경제성장 동력을 만들어 낼 수 있는 잠재력을 갖고 있기도 합니다. 예컨대 에디오피아의 경우에는 이들이 유엔에 제출한 제1차 NDC에 따르면 기후변화 대응을 통하여 2030년까지 온실가스 배출을 64% 줄이면서 중견국이 되겠다는 기후변화 정책을 발표하고 시행하고 있습니다. 아프리카 최빈개도국과의 협력은 2024년에 우리나라에서 개최된 한-아프리카 정상회의 결과의 활용이라는 차원에서도 중요합니다. 아프리카 최빈 개도국들과 기후변화 대응에 관한 체계적인 전략을 세우고, 손실과 피해 기금을 통한 기여 및 이를 통한 우리의 대 아프리카 기후변화 대응 전략과의 시너지 효과 창출에 대한 구체적인 방안 마련이 시급합니다.

제8조

1. 당사자는 기상이변과 서서히 발생하는 현상을 포함한 기후변화의 부정적 영향과 관련된 손실 및 피해를 방지하고, 최소화하며, 해결해 나가는 것의 중요성과, 그 손실과 피해의 위험을 줄이기 위한 지속가능한 발전의 역할을 인식한다.

2. 기후변화의 영향과 관련된 손실 및 피해에 관한 바르샤바 국제 메커니즘은 이 협정의 당사자회의 역할을 하는 당사자총회의 권한 및 지침을 따르며, 이 협정의 당사자회의 역할을 하는 당사자총회가 결정하는 바에 따라 증진되고 강화될 수 있다.

3. 당사자는 협력과 촉진을 기반으로, 적절한 경우 바르샤바 국제 메커니즘 등을 통하여 기후변화의 부정적 영향과 관련된 손실 및 피해에 관한 이해, 행동 및 지원을 강화하여야 한다.

2-9 파리협정 제5조 흡수원부문의 활용

파리협정 체제는 6개 핵심분야인 감축(제4조), 적응(제7조), 재원(제9조), 기술 개발 및 이전(제10조), 능력배양(제11조), 강화된 투명성(제13조)을 중심으로 세부적인 이행체계를 갖추고 있으며, 이들의 이행을 지원하기 위한 보완체계로 감축을 지원하는 국제감축(제6조)과 적응을 지원하는 손실과 피해(제8조)가 있습니다. 이와 같이 파리협정 체제는 세부 부문별로는 기후변화 대응 방안을 다루고 있지 않은데, 산림을 중심으로 하는 흡수원부문(제5조)은 별도 조항을 따로 두고 있습니다. 왜 이렇게 산림부문을 별도로 다루게 되었고, 그 내용은 무엇인지요?

사실 흡수원의 역할과 그 중요성은 기후변화협약에서부터 파리협정까지 지속적으로 강조되고 있습니다. 기후변화협약과 파리협정은 서문에서 "육지와 해양 생태계에서 온실가스의 흡수원 및 저장소가 하는 역할과 중요성을 인식"한다고 명시함으로써 흡수원의 역할 및 그 중요성을 똑같이 강조하고 있습니다.

또한 기후변화협약과 교토의정서 및 파리협정은 당사국들이 각각의 공약의 이행을 위해 수행할 구체적인 사항으로 흡수원분야 이행사항을 포함하여 명시하고 있습니다.

기후변화협약은 제4조 제1항(d)에서 "생물자원·산림·해양과 그 밖의 육상·연안 및 해양 생태계 등 몬트리올의정서에 의하여 규제되지 않는 온실가스 흡수원과 저장소의 지속가능한 관리를 촉진하고 또한 적절한 보존 및 강화를 촉진하며 이를 위해 협력"할 것을 명시하였습니다.

기후변화협약이 흡수량을 산정하기 위한 흡수원의 공간적인 유형과 범위를 제시하였다면, 교토의정서는 구체적인 흡수원 활동의 유형과 산정지침을 제시하였습니다. 교토의정서는 제2조 제1항(a)의 ii)에서 "흡수원 및 저장소를 보호·강화"와 함께 "지속가능한 산림경영과 신규조림 및 재조림을 촉진할 것"을 명시하여 구체적인 흡수원 활동을 제시하였고, 더 나아가 교토의정서 당사국총회는 제3조 제4항에 따라 산림경영, 식생복구, 농경지 관리, 목초지 관리 및 습지의 배수와 재침수를 추가적인 흡수원 활동으로 결정하였습니다(결정문 16/CMP.1, 2/CMP.7). 일반적으로 신규조림과 재조림만이 흡수원 활동인 것으로 알려진 것은 청정개발체제(CDM)가 이 두 활동만 승인하였기 때문이지만, 교토체제에서는 이와 같이 다양한 흡수원 활동이 승인되어 부속서 I 국가들의 감축목표 이행에 활용되었습니다.

이상과 같이 기후변화협약과 교토의정서에서 흡수원은 당사국들의 공약 이행에 활용되는 이행사항의 하나로만 다루어졌으나, 파리협정은 처음으로 산림을 포함한 온실가스 흡수원을 하나의 독립된 조항으로 다루었다는 점에서 새로운 이정표가 되었습니다. 왜 그랬을까요?

기후변화협약의 목적인 "(제2조) 기후체계가 위험한 인위적 간섭을 받지 않는 수준으로 대기 중 온실가스 농도의 안정화를 달성"하기 위하여, 교토의정서가 '(제3조 제1항) 공약기간동안 부속서 I 국가의 총 인위적 배출량을 1990년 수준의 5% 이상으로 감축'이라는 당사국의 배출량 감축만을 목표로 제시하였다면, 파리협정은 '(제2조 제1항) 산업화 전 수준 대비 지구 평균 기온상승을 2℃보다 현저히 낮은 수준으로 유지 및 1.5℃로 제한하기 위한 노력의 추구'라는 장기온도목표와 함께 제4조 제1항을 통해 '금세기 하반기(-2099)에 온실가스 배출원에 의한 인위적 배출과 흡수원에 의한 흡수 간에 균형을 달성할 것'이라는 궁극적인 목표를 제시하였기 때문입니다. 즉, '탄소중립(carbon neutrality)' 달성은 배출량을 줄이는 것이 가장 중요하지만, 흡수량을 늘리는 흡수원의 역할 또한 더욱 중요해진 것입니다.

제5조 제1항은 기후변화협약에 근거를 두고 있으며, 파리협정 제4조 제14항(당사국은 인위적 배출과 흡수에 관한 감축행동을 인식하고 이행할 때, 기후변화협약의 기존 방법론과 지침을 적절히 고려하여야 함)에 따라 교토체제에서 승인되었던 다양한 흡수원 활동들을 이제 부속서 I 국가들뿐만 아니라 모든 당사국들이 흡수원 활동에 의한 감축실적을 NDC에 활용할 수 있는 근거가 되며, 더 나아가 블루카본, 대기직접 탄소포집(Direct Air Capture, DAC) 등 더 확대된 분야의 흡수·제거 활동들이 논의되고 있습니다.

그럼 제5조 제2항에 콕 찍어 명시된 바르샤바 REDD+ 프레임워크(Warsaw Framework for REDD+: 이하 WRF)에 대해 살펴보겠습니다. 약 10여 년간의 논의 끝에 출범한 바르샤바 REDD+ 프레임워크는 2014년 브라질의 REL 기술평가를 시작으로 UNFCCC 사무국이 공식적으로 운영하기 시작하였습니다. 현재까지 REDD+ 프레임워크에 참여하겠다고 신청한 개도국은 총 71개국으로 이들 가운데 63개 당사국이 2022년까지 시행된 산림배출기준선·산림기준선(Forest Reference Emission Level·Forest Reference Level: 이하 FREL·FRL) 기술평가를 통해 승인된 FREL·FRL을 확보하였습니다. FREL·FRL 기술평가를 완료한 당사국 가운데 21개국이 BUR의 부속서 I을 통해 REDD$^+$ 감축실적을 보고하고, 이에 대한 ICA를 거쳐 REDD$^+$ 등록부에 자국의 감축실적을 등록하였습니다. 이들의 연평균 감축실적은 800백만 이산화탄소톤 이상으로 현재 우리나라의 1년 배출량을 상회하는 상당한 규모입니다. 그리고 REDD$^+$ 프레임워크의 최종 단계인 감축실적(결과)에 기반한 인센티브를 브라질 등 6개 당사국들이 받았습니다. 브라질은 총 93억 이산화탄소톤의 REDD$^+$ 감축실적 가운데 약 274백만 이산화탄소톤(2.9%)에 대하여 노르웨이, 독일, 브라질 석유공사, GCF 등으로부터 인센티브를 지급받고 있습니다. 이상과 같이 기후변화 완화라는 공동의 목표 달성을 위해 교토체제 이후에 개도국 감축 참여를 유도하기 위한 REDD$^+$ 프레임워크는 원래 목적하던 바를 성공적으로 달성하였습니다. 그리고 이미 감축실적을 등록한 8개 국가 외에도 REDD$^+$ 프레임워크에 참여하고 있는 개도국들은 계속해서 감축실적을 REDD$^+$ 등록부에 등록할 것이 명확합니다.

그러나 이들 감축실적에 대한 인센티브 지급 재원은 충분치 않다는 것이 현실입니다. 그 때문에 파리협정을 채택한 제21차 기후변화 당사국총회는 파리협정을 채택한 결정문(Decision 1/CP.21)의 제54항에서 충분하고 예측 가능한 재원이 중요함을 다시 한 번 강조하면서 공적 · 민간, 양자와 GCF와 같은 다자는 물론 대안적 재원들을 통한 지원 조정을 장려하고 있습니다. 그러나 개도국들의 REDD$^+$ 감축실적이 쌓이기 시작하는 지금도 REDD$^+$ 감축실적에 대한 인센티브 지급을 위한 충분하고 예측 가능한 재원은 여전히 불투명한 상황입니다. 명확한 것은 향후 REDD$^+$ 프레임워크를 통한 개도국의 누적 감축실적은 더욱 확대될 것이라는 점입니다. 물론, 개도국은 이를 자국의 NDC에 먼저 활용할 것이나 가이아나, 수리남 등의 일부 국가들은 벌써 ITMOs를 통해 추가적인 재원을 확보하고 있습니다. 첫 번째 BTR 제출 후, 많은 개도국들이 NDC 달성에 활용할 수 있는 2021년 이후의 감축실적을 공급할 것입니다. REDD⁺ 감축실적은 타 분야의 감축기술보다 비용효과적으로 확보할 수 있어 많은 국가들이 NDC 달성이라는 목적, 그리고 많은 기업들이 탄소중립과 ESG 경영에 활용할 계획을 가지고 있습니다. 우리나라도 장기적이고, 비용효과적으로 국외감축실적을 확보가 가능하고, 개도국의 NDC 이행도 지원하고 동시에 생물다양성 유지와 향상에도 기여하는 REDD⁺ 사업을 확대하여 추진할 필요가 있습니다.

파리협정 제 5 조

1. 당사국은 기후변화협약 제 4 조 제 1 항(d)에 언급된 바와 같이, 산림을 포함한 온실가스 흡수원과 저장소를 적절히 보전하고 증진하는 조치를 하여야 한다.

2. 당사국은 기후변화협약에 따라 이미 합의된 관련 지침과 결정에서 규정하고 있는 기존의 프레임워크인 '개발도상국에서의 산림 전용과 황폐화로 인한 배출의 감축활동 그리고 산림보전, 지속가능한 산림경영 및 산림탄소축적증진에 관한 긍정적 유인 제공을 위한 정책적 접근(Warsaw Framework for REDD⁺)'과 산림의 통합적이고 지속가능한 경영을 위한 '감축과 적응 공동접근(Joint Mitigation and Adaptation)' 같은 대안적인 정책적 접근 및 이와 연계된 '비탄소 편익(non-carbon benefit)'에 대한 적절하고 긍정적인 유인 제공의 중요성을 재확인하면서, 결과기반보상 등의 방식을 통하여, 이행하고 지원하는 조치를 하도록 장려된다.

2-10 NDC 달성을 위한 파리협정 제6조 메커니즘

교토의정서에서는 소위 교토 메커니즘이라고 알려진 국가 간 배출권 거래제, 청정개발메커니즘(Clean Development Mechanism: CDM), 공동이행(Joint Implementation: JI) 등이 있었습니다. 이들은 교토의정서가 기본적으로 국가에게 온실가스 감축 의무를 부과하고 이 의무를 이행함으로써 기후변화에 대응하고자 하는 규제적 접근방식에 따르고 있었음에 반하여, 시장원칙을 사용하여 기후변화 대응의 효율성을 제고하고자 하였습니다. 그러나 교토의정서하에서 이들 시장 메커니즘의 이행 결과는 그리 성공적이지 못했습니다. CDM을 제외하고는 거의 사용되지 않았고, 그나마 CDM도 온실가스 감축량의 측면에서는 그 기여도가 미미하다고 합니다. 그래서 파리협정에서는 교토 메커니즘의 한계를 극복하고 국가 간의 협력을 통한 NDC 달성에 기여하고자 새롭게 제6조에 기반을 둔 메커니즘들이 도입되었습니다. 교토의정서하의 시장 메커니즘을 통해서 별다른 혜택을 보지 못하였던 개도국들 대부분이 기존 CDM과 같은 메커니즘의 계승에 강하게 반대한 결과, 제6.2조에 근거를 둔 협력적 접근법, 제6.4조 메커니즘, 그리고 제6.8조 메커니즘 등 다양한 메커니즘이 탄생하게 되었습니다. 그렇다면 이들의 구체적인 내용은 무엇인지요?

기본적으로 교토의정서는 규제적 접근방법(또는 하향식 접근방법)을 기본으로 하고 있었습니다. 즉, 국가(특히, 부속서 Ⅰ 국가로 불리는 선진국)에게 온실가스 감축을 위한 강제적 의무를 부과하고 이를 통해서 지구

사회의 온실가스 감축 결과를 만들어 내려고 한 것이지요. 이러한 규제 중심의 접근방법에 기반을 둔 교토의정서이지만 시장원리를 활용하여 규제적 접근방법을 보완하고자 하는 요소도 갖고 있었습니다. 공동이행(Joint Implementation: JI), 청정개발메커니즘(Clean Development Mechanism: CDM), 그리고 배출권거래제(Emission Trading System: ETS)라고 불리는 것들인데, 통틀어서 시장 메커니즘 또는 유연성 메커니즘이라고 불리기도 했습니다. 이러한 시장원리를 활용한 메커니즘들은 기후변화 문제를 해결하는 데 시장원리의 활용을 중시하는 미국의 입장이 반영된 결과이기도 합니다.

교토의정서하의 시장메커니즘은 자국 내에서 온실가스 감축노력의 결과를 충분히 가져오기 어려운 경우에, 시장원리를 활용해서 타국에서 만들어진 온실가스 감축결과를 자국에서 활용할 수 있도록 국가의 온실가스 감축 의무 이행 과정에서 유연성을 부여하는 것이 핵심입니다. 유연성을 어떻게 부여하느냐에 따라서 세 가지 메커니즘의 운영 방식이 다릅니다. 공동이행은 온실가스 감축 여력이 많은 선진국과 자국 내 온실가스 감축 한계비용이 높은 다른 선진국이 온실가스 감축 프로젝트에 대한 투자 등을 통하여 추가로 온실가스 감축분을 만들어 내고 이를 자국의 온실가스 감축 결과로 활용을 할 수 있도록 하는 것입니다. 청정개발메커니즘은 공동 이행과 비슷한 구조를 갖고 있으나, 온실가스 감축활동이 일어나는 국가가 선진국이 아닌 (교토의정서하에서는 온실가스 감축 의무를 부담하지 않는)비부속서 I 국가, 즉 개도국이 된다는 점에서 상이합니다. 한편, 교토의정서하의 배출권 거래제도는 우리나라나 EU와 같이 국가 차원에서 이행되는 배출권 거래제도가 아니라 (교토의정서하에서는) 온실가스 감축 의무를 부담하는 선진국 간에 잉여 배출권을

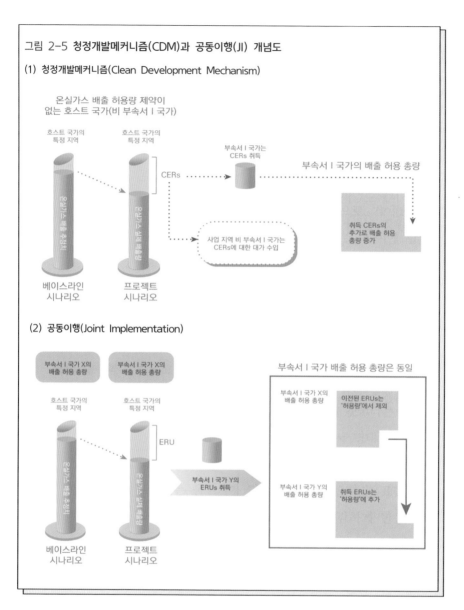

그림 2-5 청정개발메커니즘(CDM)과 공동이행(JI) 개념도

(1) 청정개발메커니즘(Clean Development Mechanism)

온실가스 배출 허용량 제약이
없는 호스트 국가(비 부속서 I 국가)

호스트 국가의
특정 지역

호스트 국가의
특정 지역

부속서 I 국가는
CERs 취득

부속서 I 국가의 배출 허용 총량

CERs

온실가스 배출 추정치

온실가스 실제 배출량

사업 지역 비 부속서 I 국가는
CERs에 대한 대가 수입

취득 CERs의
추가로 배출 허용
총량 증가

베이스라인
시나리오

프로젝트
시나리오

(2) 공동이행(Joint Implementation)

부속서 I 국가 X의
배출 허용 총량

부속서 I 국가 X의
배출 허용 총량

부속서 I 국가 배출 허용 총량은 동일

호스트 국가의
특정 지역

호스트 국가의
특정 지역

ERU

부속서 I 국가 Y의
ERUs 취득

온실가스 배출 추정치

온실가스 실제 배출량

부속서 I 국가 X의
배출 허용 총량

이전된 ERUs는
'허용량'에서 제외

부속서 I 국가 Y의
배출 허용 총량

취득 ERUs는
'허용량'에 추가

베이스라인
시나리오

프로젝트
시나리오

출처: IIASA

사고팔 수 있도록 허용함으로써 온실가스 감축 한계비용을 낮추고자

하는 제도입니다.

그러나, 기술적인 어려움이나 국제정치상황의 개입 등으로 인해서 공동이행은 극히 제한적으로만 이용이 되고, 배출권 거래제도는 전혀 활용되지 못했습니다. 그중에서도 상대적으로 많이 활용된 청정개발메커니즘도 중국이나 우리나라와 같은 특정 개발도상국에서만 활용이 되고, 그외 아프리카와 같은 저개발국가들을 위해서는 거의 활용되지 못하였습니다. 그리고 그 방법론의 복잡함으로 인해서 교토의정서 이행기간 동안에 국제사회 온실가스 감축에 기여한 양도 충분하지 못하여 그 실효성에 많은 의문이 제기되었습니다.

교토의정서하에서 시장메커니즘의 기대 이하의 성과 및 상당수의 개도국 그룹 국가들의 CDM 제도에 대한 반감은 2015년 파리 유엔 기후변화회의에서 파리협정 채택에 가장 큰 장애로 등장하였습니다. CDM의 활용을 주도하였던 선진국, CDM의 지나친 엄격함을 수정하여 자국의 국가온실가스 감축목표 달성에 활용하고자 공동크레디팅메커니즘(Joint Crediting Mechanism: JCM)을 개발하여 활용하던 일본 등은 계속해서 시장 메커니즘을 파리협정에서 활용하고자 했으나, 대다수의 개도국은 자국의 경제발전에 거의 혜택을 가져다주지 못한 시장메커니즘에 결사적으로 반대하였던 것입니다.

양측의 극단적인 대립은 결국 기존 교토의정서의 시장메커니즘의 성격을 담고 있으면서도 확연하게 다른 형태의 국가 간의 협력을 통한 기후변화 대응이 가능할 수 있는 새로운 조약 문안을 만들어 내었고, 마침내 파리협정 제6조에 담기게 되었습니다. 이러한 이유로 파리협정 제6조는 우리가 기존에 알고 있던 탄소시장의 맥락에서 논의하던 것에 더하여 더 대규모로 다양한 협력 메커니즘을 포함하고 있습니다.

파리협정 제6조는 국가 간의 협력을 통해서 국제적으로 이전된 감축실적(Internationally Transferred Mitigation Outcomes: ITMOs)을 NDC를 달성하는 데 활용(Toward NDCs)되는 것을 전제로 합니다. ITMOs는 국내에서는 해외배출권, 그레딧 등으로 불리기도 하나, 파리협정 제6조 이행규칙에 따르면 CO_2teq은 물론 kWh 등 다양한 단위로 사용하는 온실가스 감축결과도 포함이 됩니다. 예컨대, A 국가에서 B 국가로 전력망을 통해서 전력을 수출하는 경우에도 kWh 단위로 타국으로 보내지는 전력도 크레딧은 아니지만 ITMOs에 해당합니다.

파리협정 제6조는 3가지 형태의 메커니즘을 규정하고 있습니다. 먼저 제6조 제2항과 제3항에서는 국가가 NDC 달성에 활용하기 위해서 이중계산을 회피하고 지속가능한 발전에 기여하는 한 ITMOs를 활용하기 위한 국가 간의 메커니즘을 자유롭게 국가 간에 만들 수 있도록 허용하고 있습니다. 이를 협력적 접근법(Cooperative Approaches)이라고 부르기도 합니다. 이러한 협력적 접근법에 따른 메커니즘은 CDM과 같은 소규모 사업 추진도 가능하지만, 경우에 따라서는 국가 단위의 대규모 협력도 가능할 수 있는 여지가 있고, 우리나라와 같이 NDC 달성을 위해서 대규모 ITMOs의 활용이 필요한 경우에 적합한 메커니즘이라고 할 수 있습니다. 구체적으로 양국 간의 협력은 참여 국가들의 국가 인벤토리상에서 이뤄지게 됩니다. 국가 간에 ITMOs를 이전하는 경우에는 반드시 시장 가격과 이전되는 양을 곱하여 산출되는 가격을 지불하고 구매하는 방법도 있겠지만, 다양한 형태의 국가 간의 협력의 결과로서 한 국가가 그 국가의 인벤토리에서 일정 온실가스 감축량을 다른 국가의 인벤토리로 옮겨줄 수도 있다는 점을 유념할 필요가 있습니다.

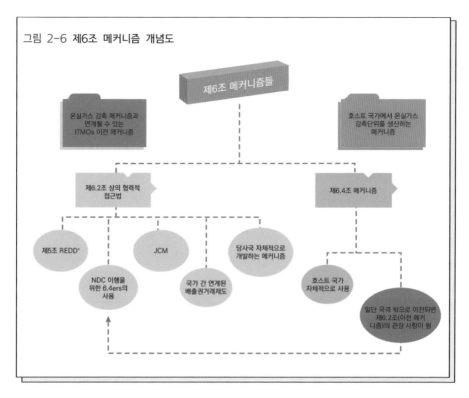

그림 2-6 제6조 메커니즘 개념도

출처: 정지원, 정서용 외 3인

두 번째는 파리협정 제6조 제4항부터 제7항까지 규정된 메커니즘
인데 제6.4.조 메커니즘이라고 불립니다(우리나라에서는 간혹 지속가능메커
니즘(SDM)이라고 번역하여 사용하는 경우가 있는데, 이는 정확한 명칭이 아닙니
다). 제6.4조 메커니즘은 교토의정서하의 시장메커니즘 중에서 유일하게
파리협정에서 대부분의 속성을 이어가는 메커니즘으로 자리매김할 것으
로 보입니다. CDM이 그러했듯이 이 메커니즘의 활용은 국가는 물론 민
간부문도 활용을 할 것으로 예상됩니다. 다만 대규모로 ITMOs의 활용
이 필요한 경우에는 제6.2조하의 협력적 접근법에 따른 메커니즘이 많
이 활용될 것으로 보입니다.

마지막으로 교토의정서의 시장메커니즘의 활용 가능성을 염두에 두고 진행된 결과인 파리협정 제6조에 포함되어 있는 비시장 메커니즘 입니다. 이상하게 보일 수 있는 이 메커니즘이 도입된 연유는 2015년 파리협정 협상 당시 볼리비아를 비롯한 소수 국가들이 시장원리에 바탕을 둔 메커니즘에 대한 논의에 극렬히 반대를 하면서 파리협정 채택 자체가 어려워질 수 있게 되자, 이들 국가와의 타협 방안으로서 비시장 메커니즘을 제6조에 포함시키기로 한 데에 있습니다. 그러나 볼리비아를 비롯한 비시장메커니즘 주창국들도 아직은 구체적인 내용에 대해서 이렇다할 만한 진척을 보이지 못하고 있는 상황입니다.

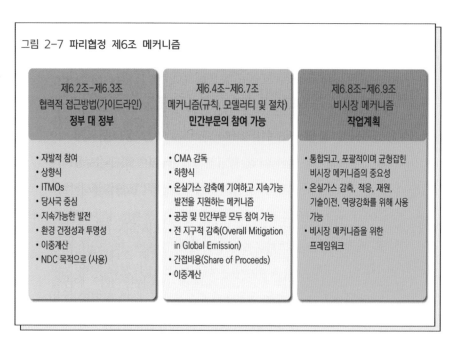

그림 2-7 파리협정 제6조 메커니즘

제6.2조-제6.3조 협력적 접근방법(가이드라인) 정부 대 정부	제6.4조-제6.7조 메커니즘(규칙, 모델러티 및 절차) 민간부문의 참여 가능	제6.8조-제6.9조 비시장 메커니즘 작업계획
• 자발적 참여 • 상향식 • ITMOs • 당사국 중심 • 지속가능한 발전 • 환경 건정성과 투명성 • 이중계산 • NDC 목적으로 (사용)	• CMA 감독 • 하향식 • 온실가스 감축에 기여하고 지속가능 발전을 지원하는 메커니즘 • 공공 및 민간부문 모두 참여 가능 • 전 지구적 감축(Overall Mitigation in Global Emission) • 간접비용(Share of Proceeds) • 이중계산	• 통합되고, 포괄적이며 균형잡힌 비시장 메커니즘의 중요성 • 온실가스 감축, 적응, 재원, 기술이전, 역량강화를 위해 사용 가능 • 비시장 메커니즘을 위한 프레임워크

출처: 다양한 출처 활용 저자가 재구성

제 6 조

1. 당사자는 일부 당사자가 완화 및 적응 행동을 하는 데에 보다 높은 수준의 의욕을 가능하게 하고 지속가능한 발전과 환경적 건전성을 촉진하도록 하기 위하여, 국가결정기여 이행에서 자발적 협력 추구를 선택하는 것을 인정한다.

2. 국가결정기여를 위하여 당사자가 국제적으로 이전된 감축 성과의 사용을 수반하는 협력적 접근에 자발적으로 참여하는 경우, 당사자는 지속가능한 발전을 촉진하고 거버넌스 등에서 환경적 건전성과 투명성을 보장하며, 이 협정의 당사국총회의 역할을 하는 당사자총회가 채택하는 지침에 따라, 특히 이중계산의 방지 등을 보장하기 위한 엄격한 계산을 적용한다.

3. 이 협정에 따라 국가결정기여를 달성하기 위하여 국제적으로 이전된 감축 성과는 자발적으로 사용되며, 참여하는 당사자에 의하여 승인된다.

4. 당사자가 자발적으로 사용할 수 있도록 온실가스 배출 완화에 기여하고 지속가능한 발전을 지원하는 메커니즘을 이 협정의 당사자회의 역할을 하는 당사국총회의 권한과 지침에 따라 설립한다. 이 메커니즘은 이 협정의 당사자회의 역할을 하는 당사자총회가 지정한 기구의 감독을 받으며, 다음을 목표로 한다.

(중략)

8. 당사자는 지속가능한 발전과 빈곤퇴치의 맥락에서, 특히 완화, 적응, 금융, 기술 이전 및 역량배양 등을 통하여 적절히 조율되고 효과적인 방식으로 국가결정기여의 이행을 지원하기 위하여 당사자가 이용 가능한 통합적이고, 전체적이며, 균형적인 비시장 접근의 중요성을 인식한다. 이러한 접근은 다음을 목표로 한다….

2-11 자발적 시장에 관한 논의와 파리협정 제6조와의 관계

우리나라에서는 최근 ESG의 열풍을 타고, 국내 배출권 거래제도하에서 CDM과 연계하여 해외사업이라고 불리는 개도국 온실가스 감축사업을 해 온 사업자, 새로운 기후변화 금융시장의 창출을 모색하는 금융기관의 존 재 등 다양한 이유로 개도국 온실가스 감축사업에 대한 관심이 많아지고 있습니다. 여기에 더하여 우리나라 국가 온실가스 감축목표의 10% 이상 을 파리협정 제6조를 활용하여 국외에서 감축한 감축결과(ITMOs)를 활 용하여 달성해야 하는 정부 상황과도 맞물려서 개도국 온실가스 감축사 업의 결과 발생하는 크레딧을 정부가 구매해줄 것으로 기대하는 사업자 들도 많아지고 있는 것이 사실입니다. 파리협정 제6조 메커니즘과 관련 하여 국내외로 관계 설정이 되지 않고 많은 혼란이 있는 것이 자발적 시 장과의 관계입니다. 자발적 시장에 관한 논의는 무엇이며, 파리협정 제6 조와의 관계는 어떻게 되는지요?

　

자발적 탄소시장을 이야기할 때 크게 구분이 되는 것이 규제적 탄 소시장(Compliance Market)입니다. 우리나라의 배출권 거래제도, EU의 배출권 거래제도와 같이 정부 공권력이 개입해서 규제 대상이 되는 배 출업자(규제 대상 기업)가 스스로 정부 공권력이 정한 온실가스 배출량 (할당량) 한계를 지키지 못할 때에는 규제 대상이 되는 다른 배출업자 중에서 온실가스 배출량 한계점 이하로 배출을 한 후 추가 배출량을 확 보한 경우에 일정한 대가를 지불하고 그 배출량을 활용하여 자신의 배

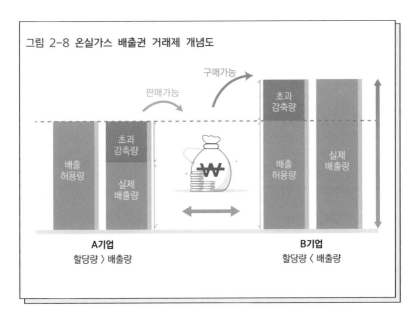

그림 2-8 온실가스 배출권 거래제 개념도

구매가능

판매가능

초과
감축량

초과
감축량

배출
허용량

실제
배출량

실제
배출량

배출
허용량

A기업
할당량 〉 배출량

B기업
할당량 〈 배출량

출처: 환경부 블로그

출량 허용 기준 초과분을 상쇄하는 배출권 거래제도가 대표적인 예라고 할 수 있습니다. 규제 시장의 규제주체는 중앙정부, 지방정부 또는 국제사회의 규제 레짐(예컨대 EU 배출권 거래제도는 유럽연합 회원 국가들이 참여하는 지역차원의 규제 시장)입니다.

규제 시장과 비교가 되는 자발적 시장은 규제시장의 밖에서 그야말로 기업의 자발적 참여에 의해 운영되는 탄소시장입니다. 기업이 이미지 제고, 또는 요즈음 이슈가 많이 되고 있는 ESG 이슈 대응 차원에서 기업 스스로 기후변화 대응을 잘 하고 있다는 것을 보여주기 등 다양한 목적을 위해서 상쇄사업(Offset Project)에 참여해서 상쇄 크레딧(Offset Credit)을 생산하고 활용함으로써 지구사회 온실가스 감축에 기여를 하는 것입니다.

자발적으로 운영이 되기에 얼마만큼의 온실가스를 어떤 방법에 의해서 누가 감축하고 이를 활용하는가에 대해서 (규제 시장과 같이) 통일된 기준 없이 유연한 방법으로 시행을 하게 됩니다. 즉 지구 온실가스 감축을 위해 자발적 시장을 활용해서 뭔가 기여하면 궁극적으로는 모두에게 좋은 것이 아닌가 하는 생각에서 이용된다고 볼 수 있습니다.

2022년 국제사회의 자발적 시장의 규모는 약 20억 달러 규모로 추정됩니다. 자발적 시장을 통해서 생산되는 온실가스 감축 크레딧은 얼마만큼의 가치를 시장에서 가지는지는 사실 규제 시장과 달리 일률적으로 정할 수 없습니다. 그럼에도 불구하고 최근에는 자발적 시장에서 생산 및 거래되는 크레딧에 대한 가격 정보들이 공유되는 경우가 있습니다. 산림 등을 이용한 경우에는 톤당 2-3불 정도에 거래되고, 에너지 등 다른 경우에는 이보다도 단가가 더 낮은 상황입니다. 규제 시장에 비하면 그 가격이 매우 낮은데, 그 이유는 자발적 시장이 갖는 유연성으로 인해 크레딧의 가치 평가에 있어 불확실성이 크기 때문으로 보입니다.

최근 우리나라에서는 국외감축과 관련해서 자발적 시장과 관련된 논의가 많이 거론되고 있습니다. 우리나라는 국가 온실가스 감축목표 이행을 위해서 대규모(2030년 단일년도 기준으로 3,750만 톤) 온실가스 감축분을 국외에서 확보해야 합니다. 앞 장에서 설명한 국제적으로 이전된 감축실적(ITMOs)과 관련해서 해외 배출권, 크레딧 등 정확하지 않은 용어들이 혼용이 되면서, 자발적 시장에서 거래되는 크레딧도 NDC 달성을 위해 활용이 되는 ITMOs와 같은 것이라는 오해가 생겼고, 그 이유로 자발적 시장에서 거래되는 크레딧도 국가 온실가스 감축목표에 활용이 가능하고 또 그렇게 되어야 한다고 보는 견해들도 찾아볼 수 있습니다.

　하지만 현 단계에서는 자발적 시장에 관한 논의와 국가 온실가스 감축목표를 달성하기 위한 논의와는 구분이 되어야 합니다. 먼저 파리 협정 제6조를 운용하기 위한 세부 이행 규칙은 ESG 등 국가 온실가스 감축목표 달성(NDC Purpose) 이외의 목적으로 자발적 시장을 활용하는 경우는 여타 국제감축 목표(Other International Mitigation Purposes: OIMP)로 사용되는 경우로서 NDC 달성을 위해서 사용되는 경우와 구분하여 그 사용목적을 특정하고 있습니다. 이렇게 국가온실가스 감축목표 이외에 다른 목적으로 크레딧의 사용목적이 특정이 되면 현재로는 절차상으로 후에 NDC 목적으로 전환이 어렵습니다. 그 중요한 이유 중의 하나는 파리협정에 따라 NDC 달성을 통한 국제사회의 전체 온실가스 감축량 추적은 회원국의 국가 온실가스 인벤토리를 통하여 이뤄지는데, 자발적 시장 활용을 위한 상쇄 사업의 경우에는 상쇄 사업이 진행되는 호스트 국가(현재는 대부분 개도국)의 경우에는 국가 인벤토리를 활용하여 관리를 할 수도 있지만, 그 후 민간부문이 취득한 크레딧은 호스트 국가 이외의 국가 인벤토리를 통한 추적이 불가능해지기 때문입니다. 민간부문은 국가 인벤토리를 갖고 있지 않기 때문이지요. 또 다른 이유는 자발적 시장에서 활용되는 크레딧은 Art-TREE Standard, The Gold Standard, The American Carbon Registry 등 민간부문에서 개발된 (사업)방법론(Offset Credit Verification)을 활용하여 시행이 되는데, 어느 방법론을 신뢰할 수 있을지, 얼마나 일반적으로 사용될 수 있을지를 알기는 거의 불가능에 가깝습니다. 민간부문의 방법론이 파리협정 체제 등과 같이 정부 간 프로세스를 통해서 인증이 된다면 모르겠는데, 현재까지는 그러한 경우를 찾아보기 힘듭니다.

따라서 현재로는 또 다른 규제 시장에 속하는 국가 온실가스 감축 목표 달성에 활용하기 위한 국외감축 차원에서 자발적 시장을 활용하는 것은 물과 기름이 같은 액체이지만 섞이지 않는 것처럼 쉽게 이뤄질 수 있는 것은 아니라는 것을 기억해야 합니다. 그러나 ESG 등 다른 목적을 위해서 자발적 시장이 활용될 수 있고, 이 과정에서 추가적으로 새로운 금융시장의 창출이 가능하는 등 그 잠재적 활용가치가 크기 때문에 자발적 시장 논의에 대해서 적절한 대응을 민간은 물론 관련 공공부문에서도 잘 해 나가는 것이 중요합니다.

지구사회 기후변화 대응의 현장: 파리협정에 대한 이해

3

기후변화는 우리에게 도전이자 새로운 기회

• • •

파리협정 기반 기후변화 대응 정책이 구체적으로 어떻게 새로운 기회를 만들어 낼 수 있는지 살펴보고 있습니다. 기후변화 대응을 통한 새로운 기회를 만들어 내는 방법은 각 국가마다의 사정에 따라서 다릅니다. 이 장에서는 먼저 우리나라를 비롯한 주요 국가의 기후변화 대응방안을 담고 있는 국가결정기여(NDC)들을 살펴봅니다. 그 다음 전력의 탈탄소화를 위한 다양한 방법들, 전기자동차 등 우리 주변에서 추진되는 전기화 추진의 의미, 전력시장의 개선방안, 빌딩, 식품 · 농업 분야에서의 기후변화 대응을 위한 새로운 정책추진 방향 등에 대해서 다룸으로써 독자 여러분의 이해를 돕고 있습니다.

파리협정은 기후변화 대응을 각 회원국의 기후변화 정책이라고 할 수 있는 온실가스 감축목표 설정, 즉 NDC에 바탕을 두고 추진하는 구조입니다. 앞에서 설명한 NDC의 개념에 더하여, 미국·EU를 비롯한 주요국의 NDC는 어떻게 구성이 되어 있는지요? 우리나라 NDC의 구체적인 내용은 무엇이고, 2025년에 유엔에 새롭게 제출해야 하는 제2차 NDC를 준비하기 위해서는 어떠한 점들을 고려해야 할까요?

파리협정은 기후 대응과 관련한 전 지구적인 목표로 지구평균온도를 산업화 이전 대비 2℃ 상승 제한 내지 더 나아가 1.5℃ 상승 제한을 설정하였습니다. 이러한 전 지구적인 목표를 달성하기 위해 파리협정은 각국으로 하여금 2050년 장기목표와 이를 위한 2030년 국가 온실가스 감축목표를 설정토록 규정하고 있습니다. 그리고 2030년 이후에는 5년마다 감축목표를 수립(rolling plan)해서 유엔에 제출하도록 되어있습니다.

이에 따라 각국은 각자의 능력과 상황에 맞게 목표를 설정하고 계획을 수립하고 있습니다. 2050년 장기전략에 관해서는 IPCC가 2018년 10월 우리나라 송도에서 개최된 회의에서 1.5도 특별보고서를 채택하면서 파리협정의 목표인 지구평균온도의 산업화 이전 대비 1.5℃ 상승 제한을 위해서는 2050년까지 이산화탄소 순배출제로(net zero), 즉 2050 탄소중립을 실현해야 한다고 제시하였습니다. 그리하여 우리나라를 포함한 대부분의 국가들이 2050 탄소중립 목표를 설정하였습니다.

2030 국가 온실가스 감축목표와 관련해서는 미국·EU를 비롯한 일본 등 주요국들은 기존의 NDC보다 상향된 조정안을 제출하고 2050 탄소중립 목표에 대해서도 탈석탄, 탈내연기간 등 분야별 선언 등을 통해 적극적인 신전략들을 발표하였습니다.

예를 들면, 미국의 경우, 2050년까지 탄소중립 및 2030년까지 2005년 대비 50-52% 감축목표를 설정하고 이를 위해 2035년까지 석탄발전의 단계적 폐지 및 2025년까지 화석연료에 대한 보조금의 폐지를 선언하고 2030년까지는 신차 50% 이상을 온실가스 무배출 차량으로 전환하고 2035년까지는 공공부문 차량 100%를 무배출 차량으로 전환토록 발표하였습니다. 또한, 인플레이션 감축법(IRA)을 통해 기후변화 대응에 3,690억 불 투자를 추진하고 있습니다.

EU의 경우에는 2050년까지 탄소중립 및 2030년까지 1990년 대비 55% 감축목표를 설정하고 에너지소비절감, 공급망 다변화 및 재생에너지 보급 확대 등을 발표하고 탄소국경조정제도를 통해 철강 등 6개 수입품목에 대한 탄소배출을 규제키로 하였습니다.

영국의 경우, 2050년까지 탄소 중립 및 2030년까지 1990년 대비 최소 68% 감축목표를 설정하고 탈석탄 선언 최초 선언국가로서 당초 2025년에서 2024년까지로 목표를 수정하고 에너지 안보를 위해 2050년까지 원자력 발전 최대 8기 추가 건설 계획을 발표하였습니다.

일본의 경우, 2050년까지 탄소중립 및 2030년까지 2013년 대비 46% 감축목표를 설정하고 2035년까지 탈내연기관차를 선언하였습니

표 3-1 주요국 동향

국가	동향
EU	• (감축목표) '50 년까지 탄소중립, '30 년까지 '90 년 대비 55% 감축 • (탄소국경조정제도) 철강 등 6 개 품목에 대해 탄소배출에 대한 규제('26-) • (RePowerEU) △ 에너지 소비절감, △ 공급망 다변화, △ 재생 e 보급 확대 등 발표('22.5 월)
미국	• (감축목표) '50 년까지 탄소중립, '30 년까지 '05 년 대비 50-52% 감축 • (인플레이션감축법) 기후변화 대응에 3,690 억 $ 투자 추진('22-)
영국	• (감축목표) '50 년까지 탄소중립, '30 년까지 '90 년 대비 최소 68% 감축 • (원전확대) 에너지안보를 위하여 '50 년까지 최대 8 기 추가 건설 계획 발표('22)
일본	• (감축목표) '50 년까지 탄소중립, '30 년까지 '13 년 대비 46% 감축

다. 캐나다의 경우, 2050년 탄소중립 목표 하에 2030년까지 2005년 대비 40−45% 감축키로 하고 2035년까지 탈내연기관차 선언을 했습니다.

한편, 중국의 경우에는 2060년 이전 탄소중립을 선언하고 2030년까지는 2006년 대비 이산화탄소 배출 집약도를 65% 이상 감축토록 하였습니다. 인도는 2070년 탄소중립 목표를 설정하고 2030년까지는 2005년 대비 이산화탄소 배출 집약도를 45% 감축키로 하였습니다.

그러나, [그림 3-1]과 같이 현재 전 세계 NDC의 합계는 2030년까지 C곡선 경로를 취하는데 이는 1.5도(A)와 2도(B) 경로와의 격차가 존재하고 있습니다. 이러한 격차의 존재 이유는 2030년까지 선진국은 A곡선 경로를, 개도국은 D곡선 이상의 경로를 선택했기 때문입니다. 이에 따라 전 세계 배출량이 A곡선으로 가기 위해서는 선진국은 A보다 한참 아래로, 개도국은 D보다 아래 경로를 선택해야 합니다.

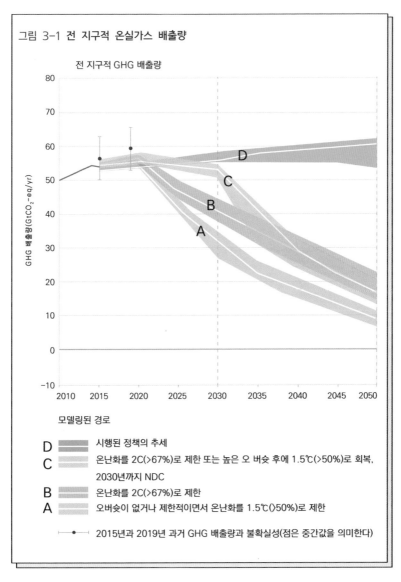

그림 3-1 전 지구적 온실가스 배출량

전 지구적 GHG 배출량

모델링된 경로

D ▬▬ 시행된 정책의 추세
C ▬▬ 온난화를 2C(>67%)로 제한 또는 높은 오 버슛 후에 1.5℃(>50%)로 회복,
2030년까지 NDC
B ▬▬ 온난화를 2C(>67%)로 제한
A ▬▬ 오버슛이 없거나 제한적이면서 온난화를 1.5℃()50%)로 제한

—●— 2015년과 2019년 과거 GHG 배출량과 불확실성(점은 중간값을 의미한다)

출처: IPCC 제6차 평가보고서

우리나라도 감축목표로 2050년까지 탄소중립 및 2030년까지 2018년

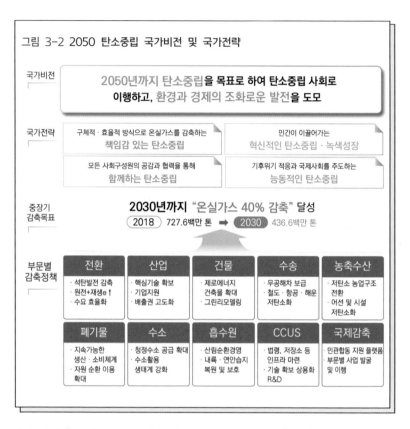

그림 3-2 2050 탄소중립 국가비전 및 국가전략

국가비전

2050년까지 탄소중립을 목표로 하여 탄소중립 사회로 이행하고, 환경과 경제의 조화로운 발전을 도모

국가전략

구체적·효율적 방식으로 온실가스를 감축하는 **책임감 있는 탄소중립**	민간이 이끌어가는 **혁신적인 탄소중립·녹색성장**
모든 사회구성원의 공감과 협력을 통해 **함께하는 탄소중립**	기후위기 적응과 국제사회를 주도하는 **능동적인 탄소중립**

중장기 감축목표

2030년까지 "온실가스 40% 감축" 달성

(2018) 727.6백만 톤 ➡ (2030) 436.6백만 톤

부문별 감축정책

전환	산업	건물	수송	농축수산
·석탄발전 감축 ·원전+재생e↑ ·수요 효율화	·핵심기술 확보 ·기업지원 ·배출권 고도화	·제로에너지 건축물 확대 ·그린리모델링	·무공해차 보급 ·철도·항공·해운 저탄소화	·저탄소 농업구조 전환 ·어선 및 시설 저탄소화

폐기물	수소	흡수원	CCUS	국제감축
·지속가능한 생산·소비체계 ·자원 순환 이용 확대	·청정수소 공급 확대 ·수소활용 생태계 강화	·산림순환경영 ·내륙·연안습지 복원 및 보호	·법령, 저장소 등 인프라 마련 ·기술 확보 상용화 R&D	·민관합동 지원 플랫폼 ·부문별 사업 발굴 및 이행

출처: 대한민국 정부, 탄소중립 녹색성장 국가전략 및 제1차 국가기본계획(2023)

대비 40%를 설정하였는데 이는 종전의 2018년 대비 26.3%를 상향 조정한 것입니다. 아울러, 2023년도에 각 부문별로 감축수단별 이행가능성 등을 고려하여 부문 간·부문 내 일부를 조정하였는데, 2050 탄소중립 국가비전 및 국가전략과 부문별 감축정책의 주요 내용은 다음과 같습니다(그림 3-2 참조). 각 부문별 감축목표 조정 내용의 특징은 우선 전환부문에서 원전과 재생에너지의 조화, 태양광·수소 등 청정에너지의 확대로 400만 톤 추가 감축 등 전환 가속화를 통해 기존 44.4%에서 45.9%로 감축량을 높였습니다. 산업부문은 기술개발 상용화 시기 등을

고려하여 기존 14.5%에서 11.4% 감축으로 조정하였으며 그 외에 탄소포집활용기술(CCUS)과 국제감축 등 미래지향적인 수단을 강화하는 방향으로 부문별 목표를 수정하였습니다. 이러한 조정은 국내 산업 경쟁력을 유지하면서 미래 기술에 대한 투자를 강화하기 위한 정책적 결정이라고 평가할 수 있겠습니다.

한편, 파리협정에 따라 각국은 2035년까지의 제2차 NDC(국가 온실가스 감축목표)를 유엔에 제출해야 합니다. 이를 위해 고려해야 할 점은 첫째, 2035년까지의 온실가스 배출량 전망치를 가능한 정확히 측정토록 노력해야 할 것입니다. 둘째, 이를 토대로 어떠한 수단을 활용하여 감축할 것인지를 검토해야 할 것입니다. 셋째, 이에 따라 각 부문별 가능한 온실가스 감축량을 취합하여 산정하는 상향식 접근(bottom up approach)과 더불어 우리나라의 기준연도인 2018년에서 탄소중립 목표 시점인 2050년까지 선형으로 감축할 경우 2035년까지 약 53% 감축이 나오는데 이를 감안한 선형경로 방식과 보다 더 야심찬 수준의 목표 설정 등의 하향식 접근(top-down approach)을 동시에 취하면서 적절한 균형점을 모색해야 할 것입니다. 여기서 간과하지 말아야 할 것은 파리협정 내 진전(progression)의 원칙에 따라 2030년 목표보다 낮아서는 안된다(no backsliding)는 점입니다. 2025년에 유엔에 새롭게 제출해야 하는 제2차 NDC 준비를 위해서는 이러함 점들이 종합적으로 고려되어야 할 것입니다.

기후변화에 대응하기 위한 국제사회의 중요한 동향의 하나는 생활의 전기화입니다. 화석연료를 사용하지 않는 방법으로 전기를 생산해서 생활 및 산업활동 현장에서 사용한다면 지구사회 온실가스 배출 없이 깨끗한 환경에서 생활할 수 있을 것입니다. 그렇다면 화석연료를 사용하지 않는 방법으로 전기를 생산하는 방법이 재생에너지를 사용하는 것 이외에 다른 방법은 없는지요? 예컨대 원자력, 수소 등 다양한 기술이 국제사회에서 논의가 되고 있는데 이들 기술은 어떻게 활용 가능한지요?

전기는 가장 중요한 에너지로서 이를 생산하는데 다량의 화석연료가 사용됨에 따라 온실가스 배출의 주요 원인으로 지목되고 있습니다. 따라서 온실가스 배출을 줄이기 위해서는 화석연료를 사용하지 않는 전기의 생산이 필수적입니다.

전기를 생산하는 방법은 다양합니다. 석탄, 천연가스, 석유와 같은 화석연료를 태움으로써 전기를 얻기도 하고, 태양광, 풍력 등 자연에서 공급되는 재생에너지를 이용해 전기를 생산할 수도 있습니다. 뿐만 아니라 원자력과 수소를 이용해서도 전기를 만들 수 있습니다. 무탄소 에너지로는 재생에너지가 가장 큰 잠재력을 갖고 있으나, 재생에너지에만 의존하기에는 자연 환경이나 경제적 여건이 어려운 경우가 있기 때문에 원자력과 수소와 같은 무탄소 에너지의 활용도 꼭 필요합니다.

원자력은 고효율의 전력 생산이 가능하며, 운영 중에 온실가스를 배출하지 않는 장점을 가지고 있습니다. 현재의 원자력 발전소는 안정적인 전력 공급원으로서 기후변화 대응에 중요한 역할을 하고 있습니다. 특히, 고도화된 안전 기술과 차세대 원자로 개발을 통해 안전성과 효율성이 향상되고 있습니다. 최근에는 소형 모듈 원자로(SMR)를 통해 작지만 효율적인 전력 생산이 가능하며, 설치와 운영이 용이하여 다양한 지역에서 활용이 가능합니다. 원자력 에너지의 주요 한계는 방사성 폐기물 처리 문제와 사고 위험입니다. 이를 극복하기 위해서는 혁신적인 폐기물 관리 기술과 강화된 안전 규제, 국제 협력이 필요합니다.

온실가스를 배출하지 않는 또 하나의 무탄소 에너지원으로 수소가 있습니다. 수소는 연소 과정(가스터빈)을 통해서도 전기를 생산할 수 있고, 수소와 산소의 전기화학 반응(연료 전지)을 통해서도 전기를 생산할 수 있습니다. 가스 터빈과 연료 전지 모두 물과 열만을 배출하고 온실가스를 배출하지 않는 무탄소 발전 방식이어서 탄소중립 달성에 핵심적인 역할이 기대되고 있습니다.

수소는 전기에너지의 생산뿐만 아니라 저장 및 이동 수단으로서도 중요한 역할을 하고 있습니다. 전기 에너지를 통해 물을 전기분해하여 수소를 생산하고 이를 저장하였다가 전기가 필요할 경우 수소를 이용하여 전기를 생산할 수 있기 때문입니다. 재생에너지의 활용이 늘어남에 따라 태양광 발전은 낮에만 전기를 생산한다든지, 날씨에 따라 생산량이 급변한다든지 하는 간헐성으로 인해 전체적으로는 전기가 부족하지 않을지라도 시간대에 따라 과부족 현상이 심각해질 수 있습니다. 이러한 문제에 대응하기 위해서 전기가 남을 때에는 이를 이용해 수소를 만들어 저장해 놓고 전기가 부족할 때 이를 이용해 전기를 생산하는 방법을 통해 수소는 재생에너지의 단점을 보완하는 훌륭한 에너지저장장치 기능을 수행할 수 있습니다. 배터리를 통해서도 전기를 저장할 수 있으나 수소를 이용할 경우 저장과 이동이 보다 효율적일 수 있습니다.

수소가 무탄소 에너지원이 되기 위해서는 수소의 생산이 무탄소 방식이어야 한다는 조건이 필요합니다. 예를 들어 물을 전기분해하여 수소를 생산할 수 있는데, 이때 사용되는 전기가 화석연료를 이용해 생산된다면 수소의 생산과정에서 온실가스가 배출되게 됩니다. 따라서 무탄소 수소가 되기 위해서는 전기의 생산이 재생에너지나 원자력과 같은 무탄소 에너지원을 이용하여야 합니다. 현재로서는 무탄소 에너지원을 이용한 전기에너지 생산과 이를 이용한 수소 생산이 높은 비용으로 경제성을 확보하지 못하고 있지만 기술발전을 통한 원가 절감이 지속된다면 미래에는 경쟁력 있는 무탄소 에너지원으로 큰 역할이 기대되는 상황입니다. 생산 비용 이외에도 수소 경제가 극복해야 할 문제로 대규모 운송 인프라 구축 문제를 들 수 있습니다. 이를 극복하기 위해 재생에너지 기반의 그린 수소 생산 기술 개발, 수소 저장 및 운송 기술 혁신, 대규모 인프라 투자가 필요합니다.

3-3 전력시장 개선과 합리적인 전기요금 결정방안

전력 생산의 탈탄소화 이외에도 전력시장을 유연하게 관리하는 것이 매우 중요하다고 합니다. 우리나라의 경우에는 한전이 천문학적 적자를 면하지 못하고 있고, 전력시장도 유연성을 확보하지 못하고 있다고 합니다. 기후변화 대응을 위해서 전력망의 효율적 관리, 전력 수요관리, 전력시장의 개선을 위한 정책적 과제는 무엇이 있을지요? 특히 기후변화 대응을 위한 합리적인 전기요금 결정을 위한 방안은 없는지요?

시장은 수요와 공급을 유연하게 조절하여 최적의 자원배분을 유도하는 효율적인 메커니즘입니다. 전력 시장 또한 탄소중립을 위한 저탄소 발전기술을 확산시키는 데 핵심적인 역할을 담당하고 있습니다. 효율적인 전력 시장을 통해 필요한 전기를 적정한 비용으로 이용할 수 있도록 하면서, 동시에 온실가스 감축을 비용효과적으로 달성하는 발전원에 적절한 인센티브를 제공해야 합니다. 하지만 우리나라의 전력시장은 탄소 비용은 물론 기본적인 공급원가조차 반영되지 않는 낮은 비용으로 전기요금을 억제함으로 인해 전기의 과소비를 조장하고 전력 산업의 과도한 부채와 전력망 투자 부족을 야기하고 있습니다.

IEA 통계에 의하면 2020년 우리나라 전기요금은 95.3 달러/MWh인데, 이는 OECD 평균의 2/3, OECD 유럽 평균의 절반에도 못 미치는 수준입니다. 더구나 에너지가격이 급증한 지난 2년간 전기 가격은

OECD 전체가 평균 36.2%, OECD '유럽' 지역은 61.1% 상승한 데 반해 우리나라는 단지 1.0% 증가에 그치고 있습니다. 우리나라는 에너지 해외의존도가 가장 큰 나라이며 한 해 화석연료 수입액이 200조 원을 넘는 국가임에도 어떻게 이렇게 싸게 에너지를 쓰고 있으며, 가장 도전적인 국가 온실가스 감축목표를 설정했는데 탄소 가격은 이산화탄소 톤당 1만 원에도 못 미치는 세계적으로도 가장 낮은 수준일까요?

우리 정부는 다른 어느 국가보다도 에너지·탄소 시장을 강력히 통제하고 있습니다. 전력시장의 경우 소매시장은 정부가 가격에 대한 완전한 결정권을 갖고 있으며, 도매시장의 경우도 복잡하고 다양한 통제장치를 보유하고 있습니다. 탄소 배출권 시장에서도 공급과 거래를 통제하는 다양한 권한을 갖고 있습니다. 에너지와 탄소의 가격이 시장에서 결정되기 보다는 정부, 더 나아가 정치에 의해 결정되는 것이다. 이로 인해 전기 요금은 적정한 탄소 가격을 반영하기는커녕 공급원가에도 못미치는 낮은 수준으로 억제되고 있습니다.

에너지와 환경과 같은 공공재나 필수재에 있어 정부의 개입은 필요한 부분도 있습니다. 덕분에 우리 기업과 개인은 에너지를 싸게 마음껏 사용하고 온실가스의 배출도 크게 신경 쓰지 않고 살수 있습니다. 하지만 이처럼 저렴한 에너지와 탄소에는 대가가 따릅니다. 시장이 본래의 가격 조절 기능을 못하게 되면 경제의 효율성을 저하시킵니다. 수요와 공급의 균형을 맞추는 시장의 가격기능이 상실되면 자원이 효율적으로 배분되기는 어렵습니다. 제대로 대가를 지불하지 않으면 누군가는 그 비용을 부담해야 합니다. 비싼 화석연료를 수입해서 전기를 만들었는데, 이를 원가에도 못미치는 싼 가격으로 국민과 기업이 사용한다면 그 손해를 누군가는 감당해야만 합니다. 이처럼 왜곡된 전력시장으로 인해 한국전력의 경우 최근 3년간 누적적자만 50조 원에 이르고, 가스공사 또한 미수금(부채)이 16조에 육박하게 되었습니다. 극심한 저출산·고령화로 미래세대의 부담이 기하급수적으로 증가하는 마당에 에너지와 기후가 이를 더욱 가중시키고 있습니다. 더욱이 저렴한 탄소 배출권과 과도한 전기요금 억제정책은 EU로부터는 탄소 관세(CBAM), 미국에서는 전기보조금 보복관세라는 부메랑이 되어 우리 경제를 공격하고 있습니다.

이제는 정부의 보호 아래 저렴한 에너지와 탄소를 마음껏 누리는 정책에서 벗어나야 합니다. 미래세대를 위해, 에너지와 탄소에 대해 제 값을 지불해야 합니다. 전기와 가스, 탄소의 가격을 지나치게 억누르는 정부의 개입은 바뀌어야 합니다. 급격한 가격 변동과 취약계층을 보호하기 위한 정부의 개입은 필요하지만, 이것 조차도 시장이 예측가능한 방식으로 이루어져야 합니다. 그래야 시장이 움직일 것이고 기업과 개인의 혁신과 열정이 발휘될 것입니다.

어느 기술이 가장 경제적인지, 그리고 탄소 배출을 줄이는 최선인지는 정치인의 구호가 아니라 시장에서 결정되어야 할 것입니다. 탄소중립을 가능하게 하면서 공급 안정성도 높은 에너지원이 태양광인지 풍력인지, 아니면 원자력인지 수소인지를 정치적으로 결정해서는 안 됩니다. 가장 유망한 기술은 시장에서 가장 잘 판단할 수 있습니다. 정부는 에너지 시장이 기술중립적이고 합리적이고 공정하게 운영되도록 감시하고 감독하는 기능에 충실해야 합니다. 그래야만 우리 경제는 진정한 고효율 탄소중립 경쟁력을 확보할 수 있을 것입니다. 이를 위해서는 탄소 배출권과 에너지 시장이 정치에서 벗어나 투명하고 예측 가능하게 관리될 수 있도록 해야 합니다. 독립성이 보장된 감독기구 설립을 통해 이를 달성할 수 있을 것입니다.

 기후변화 대응을 위한 합리적인 전기요금 결정을 위해서는 전력시장과 함께 탄소 시장(온실가스 배출권 거래제) 또한 정상화되어야 합니다. 탄소중립을 위해서는 저탄소 또는 무탄소 에너지 이용에 대해 적절한 인센티브가 제공되어야 하며, 석탄 발전과 같이 온실가스를 다량 배출하는 기술에 대해서는 탄소 배출에 비례하는 부과금이 부과되어야 합니다. 온실가스 배출권 거래제는 바로 탄소 배출에 대해 가격을 책정하는 제도로서 시장을 통해 온실가스 배출의 감축을 유인하는 효율적 정책 수단입니다. 우리나라는 2015년부터 개도국 최초이자 전 세계적으로 최대 수준의 탄소 시장을 운영하고 있습니다. 하지만 정부의 규제와 예측가능하지 않은 재량권 행사로 인해 거래가 크게 침체되어 있고 가격도 매우 낮은 수준에 머물고 있습니다. EU의 탄소시장에 비해 가격은 1/7 수준이고 거래회전율은 1/100에 불과한 실정입니다. 2023년 9월 정부가 정부의 개입은 최소화하고 민간 중심의 자율적 시장으로 전환하는 탄소 시장 활성화 방안을 제시하였는데, 이러한 시장 개혁 노력이 차질없이 진행된다면 우리나라의 탄소시장은 글로벌 모범 사례로 정착할 수 있을 것으로 보입니다. 탄소시장 정상화는 국가 온실가스 감축목표와 탄소중립 달성을 위한 최선의 정책적 대안입니다. 갈수록 격화되는 국제 탄소관세 전쟁에 대비하고 미래의 저탄소 녹색성장 잠재력을 확충하는 일거양득의 효과를 거둘수 있을 것으로 기대됩니다.

3-4 교통·수송부문의 탈탄소화 정책 방향

최근 들어 국내·외로 전기자동차에 대한 관심이 많아지고 있습니다. 국가마다 상황이 다르고 추진 방식도 다르기는 하지만, EU의 경우에는 2030년대에 내연기관 자동차 판매를 금지하려고 하고, 미국의 경우에는 전기자동차에 대해 많은 보조금을 지급하고 있습니다. 우리나라에서도 친환경차로 분류되는 전기자동차에 대한 중앙정부와 지방정부의 다양한 보조금 정책이 존재하고 있기도 합니다. 전기자동차에 관한 각국의 정책은 교통·수송부문의 전동화의 맥락에서 진행되는 탈탄소화를 위한 다양한 정책의 한 예일 뿐입니다. 그렇다면 기후변화 대응을 위한 교통·수송부문의 육상, 해상 및 항공부문에서의 노력은 어떠한 것들이 있고, 이 분야의 새로운 성장동력으로서의 성장 잠재력은 어느 정도인가요?

교통·수송부문의 온실가스 감축을 위해서는 자동차, 철도, 항공, 해운 등 모든 이동과정에서의 탄소중립화가 필요합니다. 이를 위해서는 전기·수소차 등 친환경차 보급 촉진, 대중교통 활성화 등 수요관리, 온실가스 배출 기준 강화를 통한 내연기관 저탄소화, 철도·항공·해운 분야 친환경 전환 등의 노력이 필요합니다.

교통 분야의 온실가스 감축에 가장 효과적인 첫 번째 대책은 휘발유나 경유를 이용하는 내연기관차 대신에 전기·수소차를 보급하는 것입니다. 전기·수소차는 운행과정에서 온실가스를 배출하지 않으므로 내연기관차 대신에 전기·수소차를 이용함으로써 온실가스 배출을 원천적으로 예방할 수 있습니다. 다만 에너지원으로 사용되는 전기와 수소 역시 온실가스를 배출하지 않는 방식으로 생산되어야 한다는 전제 조건이 충족되어야 합니다. 즉, 전기와 수소의 생산이 재생에너지나 원자력과 같은 무탄소 에너지를 통해 이루어져야 합니다.

이러한 이유로 전 세계 각국은 전기·수소차의 보급을 지원하기 위해 다양한 보조금을 지원하고 있습니다. 뿐만 아니라 내연기관차의 판매를 금지한다는 계획을 수립하는 국가도 점차 늘어나고 있습니다. 유럽연합에서는 2035년부터 내연기관차 판매를 금지[합성연료(e-Fuel) 사용 내연기관 제외]할 예정입니다. 우리나라에서도 아직 판매금지를 확정하지는 않았지만 중앙정부와 지방정부에서 다양한 보조금을 지급하고 세금도 감면하고 있으며, 공공기관의 경우 전기·수소차 구매가 의무화되었습니다. 우리 정부는 이러한 정책을 통해 2030년까지 450만대의 전기·수소차를 보급한다는 계획을 추진하고 있습니다.

두 번째 중요한 대책은 대중교통을 활성화하고 자가용 사용을 억제하는 것입니다. 자가용 사용은 교통부문 온실가스 배출에서 가장 큰 비중을 차지하므로 가능한 한 자가용 사용을 줄이도록 해야 합니다. 이를 위해서는 교통유발부담금, 혼잡통행료 등 자가용 사용을 줄이도록 인센티브를 강화해야 하고, 동시에 대중교통, 자전거 도로, 보행자 편의성 등 대안 교통수단을 활성화해야 합니다. 안타깝게도 코로나 사태는 대중교통 이용률을 크게 감소시켰습니다. 국토교통부『교통부문 수송실적보고』(2023)에 따르면 대중교통 수송분담률은 2019년 43.0%에서 2020년 27.8%로 기록적인 감소를 나타낸 바 있습니다. 코로나 사태가 지나간 이후에도 대중교통 이용율이 회복되지 못하고 있어 정부와 국민 모두의 보다 적극적인 노력이 필요한 상황입니다. 물론 대중교통 보다 더 바람직한 최선의 대안은 도보를 이용하는 것입니다. 하지만 도보 이용을 늘리기 위해서는 보행자 도로의 확충과 걷기 좋은 환경을 조성하는 것이 필요합니다. 더 나아가 도시 계획 단계에서부터 탄소중립과 보행자 편의성을 고려한 스마트 그린 도시의 설계가 필요합니다.

불가피하게 운행하는 자동차에 대해서는 저탄소화를 위한 노력이 필요합니다. 자동차의 연비를 높이고 효율이 낮은 노후차를 조기 폐차하도록 다양한 지원과 규제가 필요합니다. 경차에 대한 보급을 촉진하고 친환경운전(급가속·급제동 자제 등)을 생활화하는 운전문화 개선도 중요합니다. 아쉽게도 우리나라의 자동차 시장은 점점 더 무거운 차를 선호하는 추세를 보이고 있습니다. 1톤 이하 자동차 판매비중은 2018년 6.2%에서 2022년 3.3%로 줄어든 반면, 2톤 이상 자동차 비중은 15.7%에서 21.4%로 늘어났습니다. 자동차 평균 이산화탄소 배출량(g/km)도 2018년 149.7에서 2022년 134.8로 감소하였지만 정부가 정한 배출허용 기준인 97g/km에는 크게 부족한 상황이어서 정부의 자동차 온실가스·연비 관리제도의 실효성 제고가 필요합니다.

철도는 도로와 항공 등 타 운송수단보다 온실가스가 적게 유발되므로 가능한 한 철도의 이용을 확대하는 것이 바람직합니다. 철도망을 확충하고 철도의 수송 분담률을 높이는 노력이 필요합니다. 아울러 디젤 기관차를 줄이고 수소전기동차, 수소전기기관차 등 무탄소 기관차로의 전환을 위한 노력도 필요합니다. 항공은 가장 탄소배출이 높은 운송수단이므로 가급적 항공 이용을 최소화해야 합니다. 그리고 불가피한 항공 운송을 위해서는 연료 효율이 높은 최신 항공기를 사용하고, 더 나아가서 바이오 항공유, 재생에너지 기반 연료 등 친환경 연료(Sustainable

Aviation Fuel: SAF)의 비중을 높여야 합니다. 해운 분야에서도 LNG 등 저탄소 연료 사용을 늘리고 수소, 암모니아, e메탄올 등 무탄소 선박 기술을 개발·보급해야 합니다. 전기·수소차, 친환경 연료 등 새로운 탄소중립 기술들은 우리 경제에 막대한 성장동력을 제공할 수 있습니다. 저탄소 녹색성장을 통해 경제발전과 환경보전을 동시에 달성하는 지속가능한 발전을 이룩하기 위한 노력이 가속화되어야 하겠습니다.

3-5 건물부문의 온실가스 감축 정책

빌딩부문은 국가마다 온실가스 감축을 위해서 매우 중요하기는 하지만 탄소배출을 줄이기가 매우 어려운 대표적인 예로 꼽히기도 합니다. 우리 나라의 경우도 예외가 아니어서, 빌딩부문의 온실가스 감축을 위해서는 중앙정부는 물론 지방자치단체 차원에서 얽혀 있는 이해관계, 탄소중립 친환경 건물을 위한 기술의 상용화에 대한 저항 등 다양한 장애를 제거 해야 합니다. 건물부문에서 온실가스 감축을 획기적으로 줄이기 위해서 는 어떠한 정책들이 추진되어야 할까요?

건물부문에서 온실가스 감축을 획기적으로 줄이기 위해서는 건물 의 에너지효율 강화 및 이를 위한 리모델링 장려, 재생에너지 사용 촉 진, 스마트 빌딩 등 첨단 기술 도입, 친환경 건축자재 사용 장려 등 여 러 가지 정책과 전략을 정교하게 고안하고 체계적으로 집행하는 것이 중요합니다.

건물의 에너지 효율성 기준 강화는 우선 신규 건물에 대해 더 엄 격한 에너지 효율성 기준을 설정하고, 기존 건물에 대해서도 점진적으 로 기준을 강화함으로써 건물의 냉난방시에 사용되는 화석연료의 양을 줄이는 것이 핵심입니다. 이를 위해서는 건물의 단열 성능, 창문 및 문 을 통한 열 손실 감소, 고효율 조명 및 난방, 환기 및 공조(Heating, Ventilation, and Air Conditioning, HVAC) 시스템의 설치 등을 장려해야 합니다. 그리고 중앙 및 지방정부는 건물 소유주 및 관리업체들이 건물에 태양광 패널, 지열 펌프, 풍력 터빈 등의 재생 에너지 시스템을 적극적으로 도입하고 설치할 수 있도록 적절한 유인책을 제시해야 할 것입니다. 지역사회 단위에서는 지역사회 재생 에너지 프로젝트를 장려하여 지역 단위에서 자급자족형 에너지 시스템을 구축하도록 해야 합니다. 이러한 자급자족형 에너지 시스템은 태양광발전이나 풍력발전과 같은 분산형 전원을 적극적으로 활용하게 될 것이어서, 지역적 차원에서 그리고 국가적 차원에서 빌딩부문에서의 온실가스 감축에 상당한 효과를 발휘하게 될 것입니다.

스마트 건물 기술 도입을 적극 장려하는 정책과 관련해서는 각 건물에 사물인터넷(Internet of Things, IoT) 기술을 활용한 스마트 건물 관리 시스템이 도입되어 에너지 사용을 실시간으로 모니터링하고 최적화할 수 있게 해야 합니다. 이러한 관리 시스템이 도입되면 스마트 조명, 자동 온도 조절 시스템 등을 통해 에너지 소비를 줄이고 자연스럽게 에너지 이용 효율성이 높아져서, 여전히 화석연료 기반의 에너지를 사용하는 건물부문에서의 온실가스 배출을 줄일 수 있게 됩니다. 기존 건물의 에너지 효율성을 개선하기 위한 건물 리모델링은 온실가스 배출 감축에 큰 도움이 되지만 상당한 비용이 소요되는 관계로 건물 소유주와 관리업체들이 이를 적극 채택하는 데 주저할 것으로 예상됩니다. 리모델링 비용에 대한 세액 공제 등을 확대하는 한편, 금융산업에서 이들 리모델링에 필요한 자금을 낮은 이자율에 이용할 수 있는 금융 패키지를 개발하도록 적극 독려해야 할 것입니다. 또한 저소득층이 거주하는 건물들은 대체로 낡고 오래되어 에너지 효율이 낮으므로, 정부 주도로 이들 주거지의 에너지 효율 개선 프로젝트를 추진하여·에너지 비용 절감과 함께 온실가스 배출을 줄이는 것이 필요하겠습니다.

정부는 또한 저탄소 및 친환경 건축 자재의 사용을 촉진하고, 이를 위해 관련 기준을 마련하고 강화해야 할 것입니다. 특히 지속가능한 목재, 재활용 자재 등을 활용하여 건축물의 전체 수명 주기 동안의 탄소 배출이 감소될 수 있도록 하는 정책을 시행해야 합니다. 그리고 기존 및 신축 건물의 에너지 성능을 평가하고 인증하는 건물 에너지 성능 인증 제도를 도입하여, 시장에서 구매자들 및 임차인들이 에너지 효율성이 높은 건물을 구입하거나 임차하는 것을 선호할 수 있도록 장려해야 합니다. 실제로 이러한 건물들은 전기료, 난방료와 같은 비용을 절감할 수 있기 때문에 같은 조건에서라면 소비자들은 이러한 건물을 우선적으로 선택지로 고려할 것입니다. 이를 위해 친환경건축물 인증제도 (Leadership in Energy and Environmental Design, LEED)와 같은 국제적 인증 제도를 국내에 도입하거나 유사한 인증 제도를 개발할 수 있습니다.

결론적으로 중앙정부와 지방정부는 이러한 건물의 에너지 효율성과 온실가스 감축을 위한 정책을 일관되게 추진하고, 관련 법규를 정비해야 합니다. 또한 중앙정부와 지방자치단체 간에 협력을 강화하여 지역별 특성에 맞는 맞춤형 정책을 추진해야 합니다. 이와 같은 다양한 정책들을 종합적으로 추진함으로써 건물부문에서의 온실가스 감축목표를 효과적으로 달성할 수 있습니다.

3-6 흡수원(sink)과 관련 정책

우리나라의 기후변화 대응 정책에서는 산림·농업·해양 등 소위 탄소흡수원의 역할이 크지는 않습니다. 그 이유는 대규모 면적이 필요한 흡수원 분야의 특징 때문이지요. 그러나 전 세계적으로 보면 흡수원 분야가 차지하는 비중은 전 세계 온실가스 배출의 약 1/4을 차지한다고 합니다. 특히 흡수원 분야는 다른 분야에 비하여 온실가스 감축량 대비 비용이 저렴한 것으로 알려져 있습니다. 흡수원은 무엇이며 흡수원과 관련된 정책들은 어떠한 것이 있을지요?

기후변화협약은 제1조(정의)에서 흡수원(Sink)을 "대기로부터 온실가스, 에어로졸 또는 전구물질을 흡수하는 모든 과정, 활동 또는 체계"로 정의하고 있습니다. 정의에 따라 "대기로부터" 온실가스의 흡수를 촉진하는 육상과 해양 생태계의 지속가능한 관리와 보존 및 강화는 모두 흡수원 활동입니다.

IPCC가 발간한 토지특별보고서(2019)와 해양과 빙권 특별보고서(2019)에 따르면, 육상생태계는 전 세계적으로 연간 112억 CO_2톤환산량을 흡수하고, 해양생태계는 1980년 이후 전 세계 배출량의 20-30%를 흡수하는 것으로 보고되었습니다. 자연 생태계 외에도 "대기로부터" 탄소를 직접 포집하는 대기직접 탄소포집(Direct Air Capture, DAC) 기술도 공학분야의 제거 수단으로 크게 주목을 받고 있습니다.

우리나라의 2020년 토지이용, 토지이용 변화 및 임업(Land Use, Land－Use Change and Forestry: 이하 LULUCF) 분야의 순흡수량은 -37.9백만 톤 CO_2톤환산량은 국가 총배출량 대비 5.8% 수준입니다. 우리나라의 기후변화 대응 정책에서 산림과 농업 및 해양의 역할이 크지 않은 것은 기본적으로는 면적이 충분히 넓지 않은 것도 있지만 각각 다른 이유가 있습니다. 산림은 국가 흡수량의 98.8%를 차지하지만 나무들이 나이가 들어감에 따라 흡수능력이 감소하고 있고, 면적을 확대하여 흡수량을 늘리고 싶어도 국토 면적이 작고, 토지이용 경쟁이 심한 우리나라에서는 어려운 일이며, 생장이 불량한 노령목을 벌채하여 바이오에너지로 사용함으로써 화석연료의 사용량을 줄이고자 하여도 산에서 나무를 베어내는 것을 좋아하지 않는 국민정서 등으로 인해 추진에 어려움을 겪고 있는 실정입니다. 농업은 현재 배출원이나 국가 총배출량의 3.2%에 불과하여 감축여력이 크지 않으며, 해양은 연안습지 외 감축조치에 대하여 당사국총회에서 승인된 산정지침이 없는 실정입니다.

농업 · 산림 및 기타 토지이용(Agriculture, Forestry and Other Land Use; AFOLU)부문은 흡수원이지만, 전 세계적으로는 순 배출원으로 연간 약 120－130억 CO_2톤환산량(전 세계 배출량의 약 22－23%)을 배출하고 있습니다(IPCC, 2019; 2022). 주요한 배출 원인은 산림전용과 산불, 이탄지 등 유기질 토양의 배수이며, 대부분 남미와 아프리카 및 동남아시아 지역에서 배출되는 것으로 나타났습니다(그림 SPM.2, IPCC AR6 WGIII). 토지부문의 전 세계 흡수량은 약 112억 CO_2톤환산량으로 AFOLU부문의 총배출량을 모두 상쇄하기에 다소 부족한 것으로 나타났습니다. 물론 해양 생태계의 흡수량이 상당하지만 기후변화협약은 인위적인 배출량과 흡수량만을 산정범위로 두고 있어서 육지에 비해 인위적인 활동에 제약이 많은 해양 생태계의 흡수량을 감축실적으로 충분히 활용하지 못하는 실정입니다.

그러나 탄소중립 달성을 위한 흡수원의 역할이 부각되면서 IPCC AR6(WGII)는 이산화탄소 흡수·제거(Carbon Dioxide Removals, 이하 CDR)의 도입이 불가피하다고 강조하였습니다. CDR은 대기로부터 CO_2를 흡수·제거하여 땅 속, 육상 또는 해양의 저장소(reservoir) 그리고 제품에 장기간 저장하는 인위적인 활동을 말합니다. IPCC는 CDR이 단기적으로는 온실가스 순 배출량을 줄이고, 중기적으로는 탄소중립 달성에 필요한 잔여배출량(에너지, 산업 등에서 줄이기 어려운 온실가스 배출량)을 상쇄하고, 장기적으로 잔여배출량을 초과하는 수준으로 순 흡수량(배출량보다 흡수량이 많은 상태)을 달성하는 역할을 수행할 것임을 강조하였습니다.

IPCC는 현재 광범위하게 적용되는 신규조림, 재조림, 산림경영 개선, 혼농임업 및 토양탄소격리 등 이 외에도 해양 생태계의 블루카본 관리활동(연안 습지 관리, 해양 알칼리화, 해양 비옥화 등)과 대기 직접 이산화탄소 포집 및 저장(Direct Air Carbon Dioxide Capture and Storage, DACCS) 등을 주요한 CDR 감축수단으로 제시하였습니다.

AFOLU분야는 일반적으로 저비용이고, 높은 감축잠재력을 가지는 특성이 있는데, 나무심기와 같이 안정적이고, 비용이 낮지만(미화 20불 이하), 저장 기간이 짧은(100년 이하) 감축수단부터 토양탄소 격리나 바이오차(biochar)와 같이 안정적이면서 저장기간이 긴(수 십년−수 백년) 감축수단까지 다양한 CDR 감축수단의 활용할 수 있습니다.

해양분야는 블루카본 관리활동의 감축잠재력이 상대적으로 작지만, 저장기간이 길고(수 백년-10,000년 이상), 대규모로 추진이 가능한 감축수단을 가지고 있습니다. 공학적 감축수단인 BECCS와 DACCS는 긴 저장기간(10,000년 이상)과 AFOLU분야보다 더 큰 잠축잠재력을 가지고 있으나, 비용(미화 100-300불)이 큰 문제를 해결해야 하는 특성을 가지고 있습니다.

흡수원은 국제협력이 필요한 분야입니다. 특히 우리나라는 국토면적이 좁고, 토지부문의 배출량이 적기 때문에 국내 흡수원의 감축잠재력이 상대적으로 작습니다. 그러나 개발도상국은 토지부문의 배출량 비중이 크고, 대규모의 감축사업이 가능하기 때문입니다.

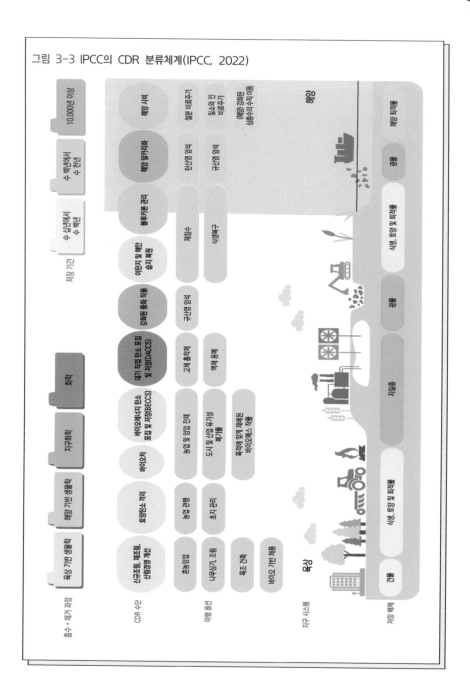

그림 3-3 IPCC의 CDR 분류체계(IPCC, 2022)

3-7 식품 분야에서의 기후변화 대응

요즈음 서구에서는 채식주의자들이 급증하고 있습니다. 개인의 건강관리 등 다른 요인들도 있겠지만, 기후변화 대응 차원에서 식단을 바꾸고자 하는 노력의 일환이기도 합니다. 축산업은 전 세계 온실가스 배출의 약 14.5%를 차지합니다. 이는 주로 소나 양의 소화 과정에서 발생하는 메탄가스 배출과 사료 재배를 위한 대규모 농경지 전환, 그리고 축산업의 에너지 소비 등에서 비롯됩니다. 채식주의 식단은 육류와 유제품을 포함한 식단보다 온실가스 배출량이 적은데, 연구에 따르면, 채식주의 식단은 온실가스 배출을 최대 50%까지 줄일 수 있다고 합니다. 그동안 온실가스 감축 노력 차원에서 식품에 대한 정책 개발이 많이 되지는 않았지만, 앞으로는 식품 분야도 매우 중요하게 다뤄질 것이라고 하는데 향후 식품 분야에서의 대응은 어떤 방향으로 진행이 될지요?

향후 식품 분야, 그리고 농업 분야에서의 기후변화 대응은 지속가능한 농업 실행, 효율적인 자원 관리, 적극적인 온실가스 배출 감축, 식품폐기물 감소, 대체육 및 배양육을 포함한 육류 대체식품 개발, 지역 식품 시스템 강화 등 여러 가지 방향으로 진행될 것으로 예상됩니다. 우선 경작지 보호, 토양 침식 방지, 토양 건강 증진을 위한 무경운-저경운 농업(No or Low-till Farming)의 활용이 증대할 것입니다. 무경운 농업은 말 그대로 쟁기로 땅을 갈지 않는 농사방법으로, 건조한 지역에서 땅 속 수분 증발을 막기 위해 시작됐지만, 이제는 탄소와 유기물을 토양 안에 가둬 기후변화를 막는 농법으로 주목받고 있습니다. 또한 재배하는 작물의 다양화를 통해 기후변화에 대한 농업 시스템의 적응력과 탄력성 강화가 이루어질 것입니다. 그리고 친환경 농업 추세가 강화되어, 화학 비료와 농약 사용을 줄이고 유기농법을 확대하여 환경 영향을 최소화하는 결과가 나타날 것입니다. 그리고 농업용수의 효율적인 사용을 위해 정밀 관개 시스템과 사용 수자원 절약 기술이 도입될 것입니다. 그리고 농업과 식품 생산 공정에서의 에너지 사용을 최소화하고 재생 가능 에너지원의 활용을 촉진하는 에너지 효율화 및 저탄소화가 진행될 것입니다.

한편으로는 농업 분야에서도 적극적인 탄소 발자국(Carbon Footprint) 저감이 이루어질 것입니다. 축산업부문에서는 가축 사육 과정에서의 메탄 배출을 줄이기 위한 각종 사육 방법 개선이 이루어질 것이고, 농산물 및 식품 유통과 관련해서는 지속가능한 공급망 구축의 일환으로 식품 생산, 가공, 유통 전반에 걸쳐 탄소 발자국을 줄이기 위한 노력이 가속화될 것입니다. 이는 뒤에서 설명할 로컬 푸드(Local Food) 장려책과도 관련이 있습니다. 식품 폐기물의 절대량 감소는 버려지는 제품의 생산 공정에서 발생될 온실가스 배출을 줄이는 데 크게 기여할 것인데, 이를 위해 식품 폐기물을 줄이기 위한 정부 차원의 정책과 업종별 자율 프로그램을 시행하고, 폐기물의 재활용 및 재사용을 촉진하는 것이 필요합니다. 예를 들어 식품 폐기물을 유기비료나 사료로 활용하는 방식을 적극 지원하는 것입니다. 그리고 기술적 변화로서 식품의 저장 및 보존 기술이 개선된다면 유통 과정에서의 손실을 줄이고 궁극적으로 식품 폐기물의 양을 감소시키는 데 큰 도움이 될 것입니다.

가장 중요한 것으로, 생산 과정에서 온실가스 배출이 많은 육류,

특히 소고기와 양고기의 소비를 대체할 단백질 및 식품 개발이 보다 광범위하게, 그리고 빠른 속도로 이루어질 것입니다. 식물성 단백질, 그리고 곤충을 기반으로 한 대체육류와 식품의 개발이 더욱 가속화될 것이며, 더 나아가서는 실험실에서 배양한 세포 배양육의 상용화 및 대중화가 이루어지면서 전통적인 육류 생산에서 발생하는 환경 영향, 특히 온실가스 배출량의 저감을 달성하고자 할 것입니다. 다만 이러한 대체육 및 배양육 식품이 식단에서 주류로 자리잡기 위해서는 이들 제품에 대한 소비자들의 선호도를 높이기 위한 홍보활동이 이루어져야 하고, 또 배양육의 경우에는 단시일 내에 이들 식품의 맛과 가격경쟁력을 향상시키기 위한 노력이 필요하겠습니다.

또한 지역에서 생산된 식품, 즉 로컬 푸드의 소비를 촉진하여 운송과정에서 발생하는 탄소 배출을 줄일 수 있을 것입니다. 또한 도시 내 농업 활동을 촉진하여 도시 거주자들에게 신선하고 지속가능한 식품을 제공하고 농업의 즐거움을 느끼게 해주는 동시에 도시의 환경이 개선되는 효과도 동시에 노릴 수 있겠습니다.

이와 같은 다각적인 접근을 통해 식품 분야에서도 기후변화에 효과적으로 대응하고, 더 지속가능한 미래를 만들어 갈 수 있을 것입니다. 정부는 기후변화에 대응하는 스마트 농업 정책을 수립하고 지원함과 동시에, 친환경 식품에 대한 환경 라벨링 제도를 확대하고 그 제도의 신뢰도를 높일 수 있는 조치들을 적극 도입하여 소비자들이 식품 분야에서도 지속가능한 제품을 선택할 수 있도록 해야 할 것입니다.

신성장 동력으로서 기후변화 대응을 촉진하기 위한 촉매제: 금융과 신기술 연구개발(R&D)

● ● ●

이 장에서는 금융과 기후변화 대응 과정에서 새로운 기회 창출을 위한 전제는 신성장 동력이 될 수 있는 신(기후) 기술 개발을 다루고 있습니다. 우리는 경제성장을 위해서 산림녹화로부터 4차산업에 이르기까지 시대와 상황의 변화에 적응하면서 신기술을 개발하여 활용하여 왔습니다. 이 시대의 새로운 요구인 기후변화 대응을 위해서는 국가 차원의 연구개발에 대한 적극적인 지원이 있어야 합니다. 물론 그 과정에서 무분별한 투자를 지양하면서 가능성이 있는 기술이 개발될 수 있도록 하는 것이 중요합니다. 한편 기후기술이 개발되어서 실제 상용화가 되기 위한 촉매제로서 금융의 역할이 중요함을 명심해야 합니다. 다양한 공공부문은 물론 민간부문에서의 재정과 금융의 역할이 잘 이뤄질 때 비로소 신기술의 확산을 통한 신성장의 기회를 잡을 수 있습니다.

4-1 민간의 기후기술 투자 촉진 정책

선도적인 기후기술도 투자가 뒷받침되지 않으면 무의미합니다. 초기 시장이 형성되기 전에는 정부의 재정 투입이 중요하다고 할 수 있지만, 궁극적으로는 민간 투자가 활발하게 이뤄져야 합니다. 기후 기술에 대한 투자는 지난 5년 정도에 걸쳐 속도를 내고 있는데, 이는 미국과 유럽의 기후 선도적 산업정책의 직접적인 결과로 풀이되고 있습니다. 미국의 인플레이션 감축법(Inflation Reduction Act., IRA)과 인프라투자 및 일자리법 (Infrastructure Investment and Jobs Act, IIJA; 초당적 인프라법 (Bipartisan Infrastructure Law, BIL)으로 불리기도 함), EU의 그린딜에 따라 기후 및 에너지 관련 투자 및 구매에 약 1조 달러의 세금이 공제되고 있고, 또한 각종 보조금 및 기타 인센티브가 제공되고 있는 것이 그 예입니다. 이러한 정부 차원의 대규모 정책지원을 포함, 활발한 민간 투자가 이뤄지기 위해서는 어떠한 정책들이 추진되어야 할까요?

재정적 인센티브 제공은 첫손에 꼽을 수 있는 정부 차원에서의 민간 투자 촉진책입니다. 먼저 생각할 수 있는 것으로는 세금 혜택이 있는데, 녹색 기술 및 재생에너지 프로젝트에 투자하는 기업에 세금 감면 또는 공제를 제공하여 투자를 장려합니다. 미국의 인플레이션감축법 (Inflation Reduction Act, IRA)은 기후변화 대응 및 청정에너지 지원을 위해 3,690억 달러의 지원금 제도를 마련하고 있는데, 그 상당부분이 태양광발전이나 풍력발전 공장 건설 및 시설 건립에 대한 투자세액공제,

그리고 생산된 재생에너지에 대해 적용하는 생산세액공제로 이루어져 있습니다. 또한 초기 투자 비용이 높은 재생 에너지 프로젝트 등에 보조금이나 공공금융기관으로부터의 저금리 대출을 제공하여 재정적 부담을 줄여줄 수 있습니다.

규제 완화 및 법적 지원도 기후기술을 포함한 녹색기술 투자를 장려하는 중요한 자극이 됩니다. 규제완화의 경우 녹색 기술 및 재생 에너지 프로젝트에 대한 인허가 절차를 간소화하여 투자 장벽을 낮추는 효과가 있는데, 프랑스의 녹색산업법(Loi sur l'industrie verte)의 경우 친환경 공장 설립을 위해 사전개발된 공장부지 50개소를 제공하고, 인허가에 걸리는 기간을 평균 17개월에서 9개월로 단축하는 내용을 담고 있습니다. 이 외에도 정부가 친환경 기업의 투자 활동을 보호하고 장려하는 법제를 구축하고 운영한다면 민간 투자를 장려하는 효과가 있을 것입니다. 그리고 정부가 기후변화 대응 기술에 대한 민간의 연구개발 투자를 지원 및 진흥하고, 공공 연구 기관과 민간 기업 간의 협력, 예를 들어 정보 및 지식재산권 공유 등을 촉진한다면 기후기술 연구개발에 대한 전체적인 비용을 낮추게 될 것입니다. 그리고 스타트업 및 혁신 기업을 위한 인큐베이터 프로그램을 통해 신기술 개발을 지원하는 것도 중요한 민간 투자 촉진의 매개체가 될 것입니다.

무엇보다도 정부는 탄소세 및 배출권 거래제와 같이 배출되는 온실가스에 대한 비용을 부과하여 기업들이 이에 대응할 유인을 제공할 수 있을 것입니다. 탄소세의 경우 기업들의 탄소 배출에 대해 가격을 매김으로써 이에 부담을 느끼는 기업들이 친환경 기술에 투자하여 온실가스 배출을 스스로 줄이도록 유도하게 됩니다. 배출권 거래제는 우리나라를 포함, 유럽연합(EU), 중국 등이 시행하고 있는데, 소위 한계감축비용의 균등화(Equalization of marginal abatement cost)를 도모하는 제도입니다. 온실가스 배출을 더 비용효과적으로 감축할 수 있는 사업자가 이를 전문화하여 사회 전체적으로 저감에 드는 비용을 줄이고, 이 사업자는 사용하지 않고 남아 있는 잉여배출권을 시장에서 판매하여 수입을 올리게 됨으로써 개별기업의 추가적 이윤추구의 길을 열어 주게 됩니다.

그리고 정부가 직접 재생에너지 송배전망과 같은 공공 성격의 인프라에 투자하여 민간 기업이 이에 기반한 사업을 확장할 수 있도록 할수도 있고, 민간도 할 수 있지만 구축에 막대한 비용이 드는 스마트 그리드 구축을 정부가 지원함으로써 전력망의 효율성을 높이고 재생에너지의 통합을 용이하게 하여 재생에너지 개발에 대한 민간 투자를 촉진할 수 있습니다. 미국의 경우 인프라투자 및 일자리법(Infrastructure Investment and Jobs Act, IIJA)을 통해 스마트 그리드 기술 채택에 총 30억 달러를 제공하고 있습니다. 그리고 정부나 공공기관은 재생에너지 프로젝트에 대한 장기 전력 구매 계약(Power Purchase Agreement, PPA)을 체결하여 투자 안정성을 보장할 수 있습니다. 우리나라의 경우 여러 문제점을 안고 있는 신재생에너지 공급인증서 제도를 폐지하고 장기적으로 이를 PPA로 전환하려는 계획을 가지고 있는데, 바람직한 정책 전환으로 보입니다. 또한 기후 관련 금융 리스크를 관리할 수 있는 도구와 보험 상품의 개발을 지원하여, 기업들의 기후변화 관련 투자를 촉진할 수 있습니다.

마지막으로 교육 및 인식 제고 캠페인입니다. 정부는 기후변화와 관련된 교육 프로그램을 통해 기업과 투자자들이 관련 지식을 습득하고 이를 활용할 수 있도록 하고, 홍보 캠페인을 통해 기후변화 대응의 중요성을 알리고 민간 투자의 필요성을 강조할 수 있습니다. 이러한 정책들을 종합적으로 추진함으로써 정부는 민간 투자가 기후변화 대응에 더 활발히 이루어질 수 있도록 할 수 있습니다. 각 정책은 서로 보완적이며, 이를 통해 지속가능한 경제 성장을 도모할 수 있습니다.

4-2 기후기술 연구개발(R&D) 민·관 협력 추진 방안

탄소중립을 통한 기후변화 대응을 위해서는 우리의 상황과 능력에 맞으면서도 미래 신산업의 성장을 주도할 수 있는 기후기술에 대한 연구개발 지원이 필요합니다. 기후기술 연구개발은 에너지 효율을 높이고, 재생에너지 기술을 발전시키며, 온실가스 배출을 줄이는 새로운 방법을 찾는 데 기여합니다. 또한 기후기술은 농업, 수자원 관리, 건축물 등 다양한 분야에서 기후변화에 적응할 수 있는 방식을 제공할 수 있습니다. 마지막으로 새로운 기후기술의 개발은 새로운 시장과 일자리 창출로 이어져 경제성장에도 긍정적인 영향을 미칩니다. 이를 위해서 신기술을 발굴하고, 부처 간의 연구개발 추진을 분담하며, 민간이 참여할 수 있는 기후기술 민관협력이 가능해야 합니다. 무엇을 추진해야 할지요?

       기후기술의 연구개발이 기후위기 극복에 기여하고 일자리 창출에도 도움을 주는 일거양득의 방안이라는 점은 의심의 여지가 없습니다. 다만 탄소중립을 달성하고 기후변화에 효과적으로 대응하기 위해서는 나름의 전략적 고민이 필요한데, 신기술 발굴, 부처 간의 연구개발 추진 분담, 민관 협력 촉진을 위한 구체적인 방안은 다음과 같습니다. 기후기술 연구개발 지원 확대에 대해서는 정부가 기후기술 분야에 대한 국가적 연구개발 투자를 확대하고, 주요 기술 분야, 예를 들어 재생에너지, 에너지 저장장치, 탄소 포집, 이용 및 저장(CCUS), 수소 기술 등에 대한 기술개발 및 정책 우선순위를 설정할 수 있습니다. 실제로 우리나

라는 2022년 12월 온실가스 감축과 기후변화 적응 관련 기술개발 중장기 방향 등이 담긴 '제1차 기후변화대응 기술개발 기본계획'을 14일 발표하여 중앙정부와 지자체, 민·관이 함께 2023년부터 향후 10년간 관련 부처의 연구개발 정책과 사업을 체계화하고 추진방향을 제시하는 등 기후기술 혁신으로 기후위기에 대응할 방침임을 밝힌 바 있습니다. 또한 정부 주도로 기후기술 연구개발 펀드를 조성하여 민간 기업과 연구 기관이 함께 참여할 수 있도록 지원할 수도 있는데, 이와 관련하여 정부는 탄소배출권 유상 할당분을 경매할 때 발생하는 수입을 주요 재원으로 삼는 2.4조 원 규모의 기후대응기금을 설립, 기후위기 대응과 온실가스 감축을 위해 필요한 정부 사업을 뒷받침하고 있지만 앞으로는 그 기금의 사용처를 기후기술 연구개발 쪽으로 집중적으로 설정하고 민간의 참여도 독려할 필요가 있겠습니다.

또한 기후기술 연구개발을 효율적으로 추진하기 위해 산업통상자원부, 과학기술정보통신부 등 관련 부처 간의 협력을 강화하는 통합 거버넌스 체계를 구축할 필요가 있겠습니다. 영국 및 독일과 같은 선진국의 경우 독립기관인 기후변화위원회와 같은 조직을 신설하여 부처 간 의견 조율 및 협력을 촉진하고 있는데, 우리나라의 경우 탄소중립녹색성장위원회가 있으나 그 위상이 높지 않으므로 이 위원회에 더욱 힘을 실어주어 효과적인 의사결정 및 정책 조율을 담당하게 할 필요가 있습니다. 이 외에도 여러 부처가 공동으로 참여하는 연구 프로그램을 기획하고, 각 부처의 특성에 맞는 역할을 분담하여 시너지를 창출할 수 있겠습니다.

민관 협력의 촉진과 관련해서는 대학, 연구소, 기업이 참여하는 산학연 협력 플랫폼을 구축하여 기후기술 관련 정보를 공유하고 협력 프로젝트를 추진하도록 하고, 정부와 민간이 공동으로 투자하는 기금을 조성하여 리스크를 분담하고, 민간 투자를 유도합니다. 속칭 혼합금융 (Blended Finance)이라고 불리는 금융 제도도 적극 활용하여 민간과 정부의 역할 분담 및 시너지 효과 창출을 도모할 수 있겠습니다.

현재는 AI의 시대라 불리며, 기술의 발전이 우리 사회에 큰 변화를 가져오고 있습니다. 몇 년 전 사우디아라비아에서 개최된 G20회의의 일환으로 열린 Science 20에서는 G20 국가의 과학자들이 미래 기술을 예측하고 이를 정상들에게 건의하는 보고서를 채택했습니다. 이 보고서에 따르면, 미래에는 보건, 기후·환경, 그리고 AI를 포함한 IT 분야에서 많은 기회가 창출될 것이며, 이들 기술을 서로 연결할 수 있는 능력이 중요해질 것이라고 합니다. 기후변화 대응에 있어서 AI 기술은 다양한 방식으로 활용될 수 있을 것 같습니다. 그러나 AI 사용의 확산이 기후변화에 미칠 부정적인 영향도 고려해야 할 것입니다. AI 기술 개발과 운영에는 많은 전력과 자원이 필요할 것입니다. 데이터 센터의 전력 소모와 탄소 배출은 상당한 환경 부담을 초래할 수도 있으리라 생각됩니다. 따라서, AI 기술의 발전과 함께 이러한 부정적인 영향을 최소화하는 방안도 마련되어야 합니다. 예를 들어, 재생 가능한 에너지를 사용한 데이터 센터 운영, 효율적인 알고리즘 개발 등이 필요할 것 같습니다. 기후변화에 대응하는 데 있어서 AI 기술을 어떻게 활용할 수 있을까요? 기후변화 대응 차원에서 AI가 도움이 될 테지만, 구체적으로 어떻게 활용될 수 있을지 궁금합니다. 또 AI 사용의 확산이 기후변화에 미칠 부정적인 영향에 대해서도 구체적으로 알려주세요.

우리는 기후변화 대응의 시대를 살고 있으면서 동시에 4차 산업혁명의 시대를 살고 있습니다. 4차 산업혁명의 시대는 인공지능(AI)과 사물

인터넷(IoT: Internet of Things) 같은 기술로 대변됩니다. 세계경제포럼 (World Economic Forum: 일명 다보스 포럼)의 창립자이자 집행위원장인 클라우스 슈밥(Klaus Schwab)은 우리가 살고, 일하고, 서로 관계를 맺는 방식을 근본적으로 변화시키는 혁명의 시작점에 있다고 확신했습니다. 그는 2017년 출판된 자신의 책, 『4차 산업혁명』에서 4차 산업혁명 시대에 대해 설파한 바 있습니다. 4차 산업혁명은 물리적, 디지털, 생물학적 세계를 융합하는 다양한 신기술이 모든 학문, 경제, 산업에 영향을 미치고 심지어 인간의 의미에 대한 생각에 도전하는 것이 특징이라는 것이 슈밥의 설명입니다.

AI는 기후변화 대응의 시대를 살아가는 우리를 위해서 유용할 수 있습니다. 무엇보다 날씨를 보다 정확하게 예측하는 데 활용될 수 있습니다. 기후변화가 가속화하면서 자연재해의 빈도와 규모가 점점 커지고 있는데, AI 기술을 활용함으로써 날씨의 패턴이나 기상이변, 장기적인 변화를 보다 정확하게 예측할 수 있도록 기후 모델의 향상에 도움을 줄 수 있을 것입니다. 또한 홍수, 허리케인, 산불과 같은 대규모 자연 재해를 예측하여 미리 더 잘 대비할 수 있도록 하게 함으로써 재산 피해는 물론 인명 피해를 줄이는 데에도 도움을 줄 수 있을 것입니다.

또한 전력 공급과 사용의 효율성을 높이는 데에도 활용될 수 있습니다. 전력 공급에 있어 가장 도전이 되는 부분 중 하나는 전력망입니다. 우리나라의 경우에도 산업화 과정을 거치면서 대규모의 발전소로부터 전력을 생산하여 수요처로 분배하는 시스템을 구축해 왔습니다만, 4차 산업혁명 시대에는 전력망이 대폭 개선될 필요가 있습니다. 재생에너지를 활용한 소규모 발전시설이 여러 곳으로 분산되기 때문에 이런 분산형 에너지원(DER: Distributed Energy Resources)을 연결하기 위해서 기존

전력망을 더욱 보강할 필요가 있습니다.

문제는 재생에너지는 날씨의 영향을 받아 발전량이 달라지기 때문에 그러한 간헐성(intermittency)이 전력망에 부담을 줄 수도 있다는 것입니다. AI는 스마트 그리드를 통해 전력의 분배와 소비를 최적화하여 실시간으로 공급과 수요의 균형을 맞추고 에너지 낭비를 줄임으로써 재생에너지원을 보다 효과적으로 활용할 수 있도록 도울 수 있습니다.

이런 최적화 기술은 다방면으로 활용될 수 있습니다. 예를 들어 AI 시스템을 통해 건물의 데이터를 분석함으로써 난방, 냉방, 조명의 사용을 최적화함으로써 전반적인 에너지 소비를 줄이는 데도 활용할 수 있습니다. AI 기술을 활용함으로써 전력의 공급과 소비 측면에서 모두 최적화를 달성할 수 있게 되는 것입니다.

한편 교통 통제에도 활용될 수 있는데, AI를 활용하여 교통 체증의 심한 경로를 피해가거나 하는 경로 최적화 기능이 널리 사용된다면 운송 수단이 사용하는 에너지 소비를 전반적으로 줄일 수 있을 것입니다.

AI는 환경 보호나 농업에도 활용될 수 있습니다. 예를 들어 위성 이미지를 분석하여 삼림 벌채, 도시 확장 및 기타 환경 변화를 지속적으로 모니터링함으로써 보존 노력에 필요한 데이터를 적시에 제공할 수 있습니다. 농업에 활용한다면 관개, 비료 사용, 해충 방제를 최적화하고 농업이 환경에 미치는 영향을 최소화하면서도 농작물 수확량을 확대하는 데 기여할 수도 있을 것입니다. 또한 토양의 상태를 분석하고 작물의 성과를 예측함으로써 농업 종사자들이 데이터에 기반을 둔 의사결정을 내릴 수 있도록 지원할 수 있습니다. 이는 결국 농업의 전반적인 지속가능성에도 긍정적인 영향을 미칠 수 있을 것입니다.

AI는 정책 결정자들에게도 유용한 도구가 될 수 있습니다. 현재 우리나라의 에너지 및 기후 관련 정책들도 주무부처별로 파편적으로 진행되고 있는 측면이 있습니다. 각 부처들은 저마다의 목적을 가지고 정책을 추진하고 있는 경향이 있는데, 물론 각 부처의 입장에서는 최선을 다하고 있는 것이겠지만 국가 전체로서 종합적인 전략이 부재하다는 점은 우려되는 부분입니다. 따라서 환경부뿐만 아니라 산업통상자원부, 농림축산식품부, 해양수산부, 기상청, 산림청, 보건복지부 등으로 분산되어 있는 자료들을 취합하여 AI의 분석기술을 적극 활용한다면, AI가 우리나라의 에너지안보를 공고히 하면서도 기후변화 대응을 위해 최적화된 해결방안을 제안해 줄 수도 있을 것입니다. 다양한 이해당사자들 간의 충돌하는 의견들을 AI의 객관적인 분석 자료를 토대로 조정하는 일이 가능해질지도 모릅니다.

그러나 동시에 걱정해야 하는 부분도 있습니다. 무엇보다 AI의 활용이 늘면 늘수록 전력 수요가 엄청나게 증가할 것이라는 점입니다. IT 매체인 테크레이더가 프랑스 에너지 관리기업인 슈나이더 일렉트릭(Schneider Electric)의 자료를 인용하여 보도한 내용에 따르면 2023년 전 세계적으로 AI로 소모하는 전력량은 약 4.3기가와트(GW)인데, 이는 웬만한 소규모 국가의 전력 사용량과 맞먹는 수준이라고 합니다. 당연히 앞으로 AI의 사용이 늘수록 전력 수요는 증가할 수밖에 없는데, 슈나이더 일렉트릭은 오는 2028년까지 전 세계적으로 AI가 사용하게 될 전기는 13.5-20GW 정도가 될 것이라고 예측했습니다. 기후변화 대응을 위해서 에너지 전환을 달성하면서도 AI로 인해 폭증하는 전기 수요를 감당해야 하는 것이 지금 우리 시대의 큰 과제라 하지 않을 수 없겠습니다.

또한 AI가 각종 데이터에 접근하게 됨으로써 발생할 수 있는 해킹과 같은 사이버 공격도 문제가 됩니다. 4차 산업혁명 시대는 AI와 IoT 기술 덕분에 초연결 사회를 구축할 것인데, 이렇게 초연결된 사회 네트워크를 불순한 의도를 가진 이들이 공격하게 될 때, 아날로그 시대보다 훨씬 큰 혼란과 피해가 발생할 수 있습니다. 사이버 안보와 디지털 정보의 보호에 더욱 주의를 기울여야 하는 이유입니다. 물론 사이버 안보나 디지털 주권과 같은 이슈들이 기후변화 대응과 직접 상관되는 것은 아니지만, 앞서 언급했듯이 분산형 에너지원이라고 볼 수 있는 재생에너지는 기후변화 대응 차원에서 확대될 수밖에 없고 이런 분산형 에너지원이 AI나 IoT와 연결되는 미래를 상정할 때, 전력시스템에의 사이버 공격도 지금까지와는 다른 패턴으로 진행될 수 있다는 점도 대비해야 하는 문제일 것입니다.

정부는 기후기술 연구개발에 대한 투자를 확대하여 핵심 기술 개발을 지원해야 합니다. 특히, 초기 단계 연구개발, 차세대 기술 개발, 기초 연구 등에 투자를 집중해야 합니다. 그러나 정부가 모든 위험을 다 부담할 수 없고 공적 재원을 마련하는 데 여러 애로도 있기 때문에, 결국에는 민관협력형 연구개발과 연계하여 초기 민간이 적극적으로 참여할 수 있는 시장 창출이 필요합니다. 이는 기후 변화 대응과 지속가능한 성장을 위해 반드시 달성되어야 할 과제입니다. 초기 시장 개척을 위해서 정책금융, 시장 창출을 위한 정부 차원의 조치 등을 생각할 수 있는데, 그 외에도 어떤 조치들이 가능할지요?

기후기술 민관협력 연구개발은 기후기술 개발의 효율성을 높이고 시장성을 확보하는 데 중요한 역할을 하고 있는데, 이는 특히 초기 단계에서는 불확실성이 높다는 점 때문에 민간 차원에서의 투자 및 참여가 부족하다는 문제를 해결하기 위한 하나의 고육지책이기도 합니다. 정부로서는 단기적으로는 민간의 기후기술 개발을 독려하는 다양한 수단을 제공하면서, 중장기적으로는 민간의 전통 금융산업 및 벤처투자기업 등이 참여하여 기술적 및 경제적 성과를 이끌어내고 이것이 해당 기후산업에 대한 확신을 강화시켜 더 많은 민간 투자로 이어질 수 있는 선순환 고리를 만드는 것이 중요합니다.

우선 정부는 초기 기업들이 자금을 쉽게 확보할 수 있도록 저리 대출이나 보조금과 같은 정책금융 지원을 제공할 수 있습니다. 스타트 업들은 대체적으로 창업 초기에 자금 조달에 어려움을 겪으며, 이들 기업은 기술개발에 어느 정도 성과가 도출되어 다양한 민간 금융기관으로부터 투자를 유치하기 전까지 이른바 "죽음의 계곡(Valley of Death)" 시기를 잘 버텨야 하고, 이러한 문제는 기후기술 스타트업도 마찬가지입니다. 성과 달성 여부에서 비교적 자유로운 공적 금융을 통해 기후기술 스타트업들이 필요한 자금을 조달할 수 있다면 미래의 성공가능성도 한층 높아질 것입니다. 정부 주도로 초기 기후기술 스타트업 및 연구개발 기업에 투자하는 펀드를 조성하여 자본 지원을 강화할 수도 있겠습니다. 그리고 앞에서 살펴보았듯이 연구개발에 대한 세액 공제나 투자 감면 혜택을 통해 민간 기업이 초기 시장에 진입하는 것을 유도할 수 있습니다.

정부 차원의 적극적인 시장 창출 조치로서는 정부가 초기 기후변화 대응 연구개발 제품이나 기후기술을 우선 구매하는 프로그램을 운영하여 안정적인 수요를 창출하는 경우를 예로 들 수 있겠습니다. 미국 에너지부의 경우 태양광, 풍력, 에너지 저장 등 다양한 기후기술을 상용화하기 위한 지원 프로그램을 운영하고 있는데, 이러한 프로그램은 기술 개발 기업에게 자금 지원, 시장 진출 지원, 기술 평가 및 검증 지원 등을 제공하게 됩니다. 유럽연합(EU)도 2024년 5월 24일 EU이사회에서 채택된 넷제로 산업법(Net Zero Industry Act)을 통해 유럽연합 내 넷제로 산업 제조능력이 EU 내 수요의 40%를 충당할 것을 목표로 지속가능 에너지 기술 개발 및 상용화를 위한 지원 프로그램을 운영하고 있습니다. 중국의 경우 신에너지 산업 발전을 위한 계획을 수립하고 있으며, 이 계획에는 초기 기후기술 우선 구매 프로그램도 포함되어 있습니다. 중국 정부는 태양광 패널, 풍력 터빈, 전기 자동차 등 다양한 기후기술을 우선 구매하여 시장 성장을 촉진하였으며 그 결과는 이들 기술을 이용한 중국 제조업체들의 세계 시장 석권으로 나타나고 있습니다. 물론 중국정부의 이러한 초기 시장 지원은 WTO 규정에 위반되는 보조금 지급으로 인식되어 주요 정부로부터 반덤핑관세 부과 및 수입 관세 인상을 초래하기도 하였는데, 아직 초기 기후기술 우선 구매 프로그램을 본격적으로 운영하지는 않고 있는 우리 정부의 경우 WTO 규정과 합치하는 방식으로의 프로그램 설계 및 이행에 주의를 기울여야 할 것입니다.

그리고 공공 인프라나 시설을 민간 기후기술 연구개발 프로젝트에 개방하여 초기 실험 및 상용화를 지원할 수도 있겠습니다. 한편으로는 정부가 주도하는 시범 사업이나 파일럿 프로그램을 통해 기후기술의 실증과 시장의 기술 채택을 지원할 수 있겠습니다.

기후기술 이전 및 상용화 지원에 관해서는 정부와 학계, 연구소가 협력하여 기후기술 이전 센터를 설립하고, 기업이 필요한 기후기술을 쉽게 이전받을 수 있도록 지원할 수 있겠습니다. 그리고 정부가 주도하여 다양한 원스탑샵(One Stop Shop)을 설립, 기후대응 기술 연구개발 결과물을 상용화하는 과정에서 필요한 기술 자문, 마케팅 지원, 인증 및 규제 대응 등의 종합적인 지원을 제공할 수도 있겠습니다.

다음으로 규제 완화 및 제도 개선입니다. 정부는 새로운 기후기술과 서비스가 시장에 빠르게 안착할 수 있도록 일정 기간 동안 규제를 유예하거나 완화하는 규제 샌드박스 제도를 운영할 수 있겠습니다. 또한 신기후기술에 대한 인증 및 승인 절차를 간소화하고 신속히 처리하여 기업의 시장 진입 장벽을 낮출 수도 있겠습니다.

마지막으로 정부는 특정 분야, 특히 석유화학 등 감축이 어려운 분야에서의 기술 및 산업 클러스터를 조성하여 관련 기업들이 지리적 인접성이라는 장점을 충분히 활용하여 상호 간에 기술 및 정보 공유 등의 형태로 협력하고 시너지를 발휘할 수 있도록 지원할 수 있습니다. 미국 캘리포니아 주의 실리콘밸리가 많은 스타트업들의 선호지역으로 각광받는 이유가 바로 이러한 지리적 인접성이라는 이점이 있기 때문인데, 정부는 기후기술·기후산업판 실리콘밸리를 조성함으로써 기후기술기업이 필요로 하는 다양한 형태의 협력이 자발적으로 이루어지도록 지원하고 궁극적으로 혁신적이고 지속가능한 성장을 이끌어낼 수 있겠습니다.

4-5 ESG와 글로벌 녹색규제 동향

기후변화 의제는 탄소중립 산업 생태계로의 재편을 가속화시키면서 국제사회의 판도를 바꾸고 있습니다. 민간에서 ESG의 열풍이 불고 있으며 세계적으로 녹색금융에 관한 국제적 논의는 상당 수준 진척되고 있습니다. 수출 주도형 경제인 우리나라는 대외 환경에 민감하게 연동될 수밖에 없다는 점에서 기후위기 대응과 전 지구적 녹색 전환 추세에 기민하게 대응하지 못할 경우 국가 경쟁력은 저하되고 국제사회에서 위상도 하락할 수 있습니다. EU 등 주요 선진국이 선도적으로 수립한 기후 규범이 범용화되며 전 세계 다른 국가들에게도 영향을 미치고 있으며 우리나라도 이러한 글로벌 추세에서 자유로울 수 없습니다. 기후리스크를 파악하고 지속가능하고 안정적인 투자부문을 파악하기 위해 활용할 수 있는 대표적인 지표인 기후재무공시와 녹색분류체계(택소노미)는 기후친화적 기업에 대한 투자를 활성화하고 기후위기가 경제·금융에 미치는 부정적 영향들에 대응하여 새로운 기회를 모색하게 하는 촉매제가 될 수 있습니다. 이러한 글로벌 녹색규제의 최근 동향은 어떠하며 우리나라는 어떻게 대응을 하고 있는지요?

　　파리협정 1.5℃ 목표 달성을 위한 전 지구적 기후변화 대응이 강화되며 전 세계는 탄소중립 달성을 위한 다양한 정책을 수립해 오고 있습니다. 특히 2016년 이후 7년 동안 전 세계 온실가스 배출량의 80%가 석유, 석탄, 가스, 시멘트와 관련된 57개 기업과 직접적인 관계가 있는 것으로 분석되었는데 이는 기업이 기후위기를 극복하는 데 핵심 동인으로 중대한 영향을 미치고 있음을 의미합니다. 금융기관과 투자자는 기업의 이익 창출과 미래 생존에 중대한 영향을 미친다는 점에서 기업이 기후행동을 강화하도록 유도하는 데 중요한 역할을 하고 있습니다. 일례로, 지속가능금융을 위한 방안들이 제도화되면서 본격적인 기후금융 시대가 전개되고 있습니다. 2015년 파리협정 채택을 시작으로 기후변화 관련된 재무 리스크 관리를 권고하는 제도 마련의 움직임이 가속화되며 기후관련 재무 정보공개 태스크포스(Task Force on Climate–related Financial Disclosures, TCFD) 권고안의 준수 의무화가 강화되는 추세입니다. 금융부문은 경제적 의사결정을 하는 데 있어 기후변화가 기업에 미치는 영향을 고려하고자 양질의 공개된 자료가 필요하였으며, 이에 G20 산하에 국제 금융규제·감독 기능을 하는 금융안정위원회(Financial Stability Board, FSB)는 더 많은 정보에 기반한 투자, 신용, 보험 인수 결정을 가능하도록 하기 위해 TCFD를 출범하였습니다. TCFD 권고안은 기후관련 재무정보 공시에 대한 가이드라인을 제시하고 있으며, 기업의 활동에 영향을 주는 기후변화 리스크 요인을 수치화하여 재무정보로 공개하는 것을 주요 목적으로 합니다. 이러한 정보의 제공은 투자자들이 기후변화가 기업에 미치는 재무적 영향력을 판단하여 올바른 투자를 할 수 있도록 돕기 위함입니다. 따라서 글로벌 투자자의 유입과 소비자의 상품 소비를 결정하는 데 중대한 영향을 미쳐 기업의 경쟁력을 확보하는 데 중요한 지표가 되고 있습니다. TCFD 권고안은 조직 운영의 핵심 요소인 지배구조, 경영전략, 위험관리, 지표·목표 설정이라는 네 가지 측면에서 기업이 공시해야 할 기후 관련 정보를 제시하고 있습니다. 예컨대, 거버넌스 항목의 경우 기후 관련 리스크 및 기회요인에 대한 평가 및 관리에 있어 경영진의 역할에 대한 정보를 제공하는 것입니다. TCFD 권고안을 지지한다는 것은 언급한 네 가지 영역에 대한 기업의 정보를 공개한다는 것을 의미합니다.

TCFD 권고안에 따라 제공된 정보는 기후변화와 관련한 기업의 재정적 상황을 파악할 수 있는 유용한 자료로서 기업이 기후위기에 직면한 위험과 기회요소를 파악할 수 있습니다. 따라서 TCFD 권고안을 공시한 기업의 경우 ESG 관련 투자가 더욱 촉진될 수 있다는 점에서 점차 많은 나라들이 TCFD 의무화에 동참하고 있습니다.

한편, 기후공시 표준화 및 의무화에 대한 논의가 있었으며 국제회계기준(International Financial Reporting Standard, IFRS) 재단은 국제지속가능성기준위원회(International Sustainability Standard Board, ISSB)를 설립하여 2023년 IFRS 지속가능성 공시 기준을 공표하였으며, 이는 TCFD 방식을 채택하여 수립되었다는 점에서 국제적으로 통용되는 공시 기준이 될 것으로 예상됩니다. 일반 요구사항(IFRS S1)은 기업이 직면한 지속가능성 관련 위험 및 기회에 대한 정보를 제공하는 것이며 기후 관련 공시(IFRS S2)는 기업의 기후위기 대응 정도를 수치화하여 공시하는 것을 의무화하는 것입니다. 이에 대응하기 위해 한국회계기준원 지속가능성기준위원회(Korea Sustainability Standard Board, KSSB)는 IFRS 지속가능성 공시기준을 기반으로 한국형 지속가능성 공시기준 초안을 발표하였습니다.

금융기관이 투자를 결정하는데 기후리스크를 반영하도록 하는 의무화 추진은 금융시장에 직접적인 영향을 미치고 있습니다. 글로벌 투자기관들이 기후변화에 적극 대응하지 않는 기업에 대한 투자를 철회하거나 화석연료와 관련 사업 투자를 제한 혹은 중단하는 사례가 증가하고 있습니다. 기업의 지속가능한 경제활동을 판별하기 위한 수단으로 유럽연합(European Unions, EU)은 분류체계를 의미하는 택소노미(Taxonomy)를 수립하였습니다. 온실가스 감축과 기후변화에 대응할 수 있는 친환경 산업을 판단하는 기준으로 통용되는 녹색분류체계(Green Taxonomy)는 그린워싱(Green Washing) 방지를 위해 친환경 산업을 선별, 지정하고 친환경 산업에 대해 금융, 세제 혜택을 지원하여 투자 활성화를 유도함을 목적으로 합니다.

2020년 6월 EU에서 EU-택소노미를 발표한 이후 한국도 이를 참조하여 2021년 12월 한국형 녹색분류체계인 K-택소노미(Korea-Taxonomy)를 수립하였으며 현재 친환경 산업을 규정하는 가이드라인으로서 투자 대상을 선정할 때 활용하고 있습니다. K-택소노미는 온실가스 감축, 기후변화 적응, 물의 지속가능한 보전, 순환경제로의 전환, 오염 방지 및 관리, 생물다양성 보전 등과 같은 6대 환경목표 달성에 기여하는 친환경 경제활동에 대한 원칙과 기준을 제시하는 것으로 녹색부문과 전환부문으로 나눠져 있습니다. 녹색부문은 탄소중립에 필수적인 경제활동 자체가 온실가스를 감축시키는 활동으로 재생에너지 생산, 무공해 차량 제조 등이 있으며 전환부문의 경우 탄소중립 전환을 위한 한시적인 경제활동으로 블루수소 제조, 원자력 발전, LNG 등이 있습니다. 기후위기 리스크에 대한 대안으로 기업의 지속가능성을 평가하기 위해 K-택소노미를 수립하였습니다. 그러나 원자력발전과 바이오 매스 등에 일부 논란이 있으며, 우리나라의 상황을 실질적으로 고려하면서도 글로벌 추세에 부합하는 지속가능한 방향으로 조정해 나가야 한다는 의견도 존재합니다.

EU는 EU-택소노미와 같은 기후금융 제도를 범용화하며 영향력을 확대하고 기후변화 의제를 선도해 나가고 있습니다. 택소노미는 점점 지속가능한 금융과 기후정책을 규제하는 데 핵심 기준으로 자리 잡으며 산업계에 미치는 영향력도 커지고 있기 때문입니다. 이러한 맥락에서 독일은 EU-택소노미에 상응하는 독자적인 택소노미를 수립하였는데, EU-택소노미뿐 아니라 국제에너지기구(International Energy Agency, IEA)의 넷제로(Net-Zero) 시나리오에도 부합할 수 있는 내용으로 수립되었음을 강조하고 있습니다.

기후변화 의제를 반영한 새로운 규범의 도입 및 확산은 우리나라에도 직접적인 영향을 미치고 있으며 특히 자국보호주의적 기후·환경 규제는 국내 기업의 생존에도 직결됩니다. 따라서 전 지구적으로 탄소중립 노력이 가속화되고 있는 흐름속에서 선제적으로 그 영향력을 예측하여 자국의 실정에 맞게 유연하게 대응해 나가야 합니다. 나아가 국제사회의 추세에 부합하는 자국의 기후기술 및 제도를 수립 및 확산할 수 있는 전략을 수립하여 기회요인을 살려나가는 것이 시급하다고 볼 수 있습니다.

기업 활동에 필요한 에너지 100%를 재생에너지를 통해 생산된 전기로 사용하겠다는 글로벌 캠페인인 RE100의 가입수가 증가하고 있습니다. 특히 최근 ESG 공시의무화나 녹색분류체계와 같은 글로벌 추세는 RE100의 움직임을 더욱 가속화하는 동인이 되는 것 같습니다. 탄소중립 달성을 위한 재생에너지 사용을 확대하자는 글로벌 추세는 국내 기업에게 중대한 영향을 미칠 수밖에 없습니다. 국내기업의 RE100 가입이나 목표 달성을 돕기 위한 이행 방안이나 제도가 있다면 소개해 주세요. 또한 재생에너지 100% 사용에서 나아가 무탄소 에너지(Carbon Free Energy) 100% 사용을 목표로 하는 이니셔티브인 CF100도 부각되고 있는데 RE100과 어떠한 차이가 있으며 탄소중립 달성의 관점에서 어떤 의미가 있을까요? 우리나라의 여건상 국내기업이 RE100이나 CF100 이니셔티브에 가입해서 목표를 빠른 시일 내에 달성하는 것이 쉽지 않을 것 같습니다. 재생에너지 조달을 효과적으로 이행하고 있는 해외 기업 사례를 통해 우리나라 기업이 참고할 수 있는 시사점이 있다면 공유해 주세요.

RE100은 탄소정보공개프로젝트(Carbon Disclosure Project, CDP)와 다국적 비영리기구인 '더 클라이밋 그룹(The Climate Group)'이 주도한 이니셔티브로 2014년 시작되었습니다. RE100 가입 조건은 2050년까지 재생에너지 전기 사용 100%이며, RE100 회원사는 평균적으로 2030년까지 재생에너지 전기 사용 100% 달성을 목표로 하고 있습니다. RE100

에는 현재 400여 개 이상의 회원사가 있으며 이 중 이미 61개 이상의 기업들은 필요 전력의 95% 이상을 재생에너지로 조달하고 있습니다. 특히 최근 IFRS의 ISSB와 같이 ESG 공시를 의무화하는 글로벌 추세로 RE100의 영향력은 더 커지고 있습니다. 예컨대 애플이나 구글과 같이 RE100을 이미 달성한 기업들은 ESG 공시 의무화를 목전에 두고 자사의 공급망 내에 있는 협력사에 RE100 참여를 촉구하며 재생에너지 전환에 대한 압박을 강화하고 있기 때문입니다. 실제 해외 기업이 국내 기업에 RE100 이행을 요구하며 납품 계약이 무산되는 사례가 발생하고 있습니다. 볼보는 2025년까지 모든 제품의 재생에너지 생산과 RE100 목표 이행 계획서를 제출하도록 요구하고 있습니다.

국내 수출기업의 재생에너지 전환은 생존과 직결된 중대한 문제입니다. 국내기업의 RE100 참여의 필요성은 크지만 한국의 지리적 여건상 재생에너지가 풍부하지 않다는 점에서 현실적으로 어려운 측면이 있습니다. 정부는 RE100 이행수단으로 인증서(REC) 구매, 녹색프리미엄제, 제3자 PPA, 지분투자, 자가발전을 제시하고 있습니다. 또한 한국형 RE100(K-RE100)을 구축하여 국내기업이 글로벌 RE100에 본격적으로 참여할 수 있는 기반을 마련하고 재생에너지 사용을 통해 국내 기업의 경쟁력을 강화하고 재생에너지 사용을 활성화하도록 지원하고 있습니다.

K-RE100은 「신재생에너지 설비의 지원 등에 관한 규정」에 따라 전기 소비자가 공단의 K-RE100 관리 시스템을 통해 재생에너지 사용 실적을 제출하고 재생에너지 사용 확인서를 발급받아 다양한 용도로 활용할 수 있습니다. 정부는 기업을 지원하기 위해 다양한 방안을 제시하고 있으나 기업의 재생에너지 전환을 가속화하기에는 여전히 한계가

있습니다. RE100 관련 정책이 민간부문에서 자율적으로 이뤄지는 RE100을 정부의 규제 제도의 일부로 접근한 부분도 있었다는 점에서 재고 및 개선이 여지가 있습니다.

한편, 재생에너지와 원자력을 포함한 무탄소에너지 100% 사용을 목표로 하는 이니셔티브인 CF100(Carbon-Free Energy 100%)도 있습니다. CF100은 영문으로 '24/7 Carbon-Free Energy'로 명명되는데 24시간 7일 내내 사용하는 에너지가 무탄소가 되도록 하는 것을 목표로 합니다. RE100은 태양력, 풍력 등 재생가능한 천연에너지만을 100% 사용하며 원전이나 수소는 재생에너지로 인정하지 않습니다. 무탄소에너지는 탄소를 배출하지 않는 원전, 청정수소, 탄소 포집 및 저장(CCS)을 포괄하는 개념입니다. CF100은 RE100과 달리 원전을 포함하고 있지만 RE100 달성이 어려운 경우 우회하기 위한 대안으로 제시된 것이 아닙니다. CF100은 2017년 당시 RE100을 달성한 구글이 벨류체인까지 무탄소로 조달해야 한다는 RE100보다 강도 높은 탄소감축 정책을 제안한 것을 계기로 유엔에너지(UN Energy), 지속가능에너지기구(Sustainable Energy For All, SE4ALL) 등이 발전시킨 캠페인입니다.

CF100은 재생에너지를 대체할 수 있는 에너지원으로 원전을 추가하는 개념이 아니라 24시간 내내 전력을 무탄소에너지로 조달하는 것을 목표로 합니다. RE100은 재생에너지 100% 조달만 달성하면 되지만 CF100은 기업의 벨류체인이나 공급망에서 사용하는 전기까지 무탄소화하는 것을 의미합니다. 따라서 연간 단위로 재생에너지 사용을 평가하는 RE100보다 훨씬 강도 높은 탄소감축 목표라고 할 수 있습니다. 예컨대 RE100은 재생에너지 사용 없이도 달성할 수 있습니다. 녹색프리미엄이나 재생에너지 공급인증서(Renewable Energy Certificate, REC)를 구매하여 상쇄할 수 있는 제도적 방안이 있기 때문입니다. 하지만 CF100 은 상쇄 크레딧이나 재생에너지 인증서 구매를 허용하고 있지 않으며 사업장 자체에서 실질적인 온실가스 배출을 감소시켜 넷제로를 달성하는 것을 목표로 합니다.

우리나라가 기후변화 의제를 주도하기 위해서는 기후 관련 제도나 기술을 수출할 수 있는 역량이 필요합니다. 무엇보다 한국의 제안이 글로벌 무대에서 범용화될 수 있는 글로벌 표준이 되기 위해서는 국제사회의 합의가 조성되어야 한다는 점에서 글로벌 동향에 부합할 필요가 있습니다. 한국의 현실을 반영한 이해관계를 반영하면서도 동시에 재생에너지 100%보다 강도 높은 탄소감축을 지향하는 CF100이 부각되고 있는 글로벌 상황을 잘 인지한 유연한 전략이 요구됩니다.

재생에너지 전환이나 이를 넘어선 더 강도 높은 탄소감축 목표를 달성하기 위해서는 중앙정부의 정책결정과 이행 의지가 중요합니다. 전 세계적으로 재생에너지 전환을 위한 국가적 차원의 노력을 소개하면 다음과 같습니다. 정부는 국가적 차원에서 제도를 수립하여 기업의 기후행동을 유도하고 지원합니다. 영국은 2008년 최초로 기후변화법을 제정하여 온실가스감축목표를 최초로 법제화했고 탄소예산을 도입하였으며 기후기술 강화를 위한 투자를 강화하고 있습니다. 미국은 2009년 청정에너지안보법에서 온실가스감축목표를 설정하고 이를 이행하기 위해 총량 제한 배출권 거래제를 도입하였으며 특히 연방정부 수준에서 자체적으로 기후변화에 대응할 수 있는 환경을 조성하고 주 단위의 재생에너지 도입전력목표를 수립하여 재생에너지를 확대해 나가고 있습니다.

정부의 노력과 함께 아래로부터 이뤄지는 민간섹터의 차원의 이니셔티브가 함께 이뤄질 때 기후행동은 더욱 강력한 시너지 효과를 창출할 수 있습니다. 기업들은 기후변화 대응을 미래의 생존전략으로 인식하여 재생에너지 전환을 위한 자체적인 노력을 보여주고 있습니다. 특히 다양한 재생에너지 협의체에 참여하여 기업의 상황에 맞는 효과적인 재생에너지 조달 전략을 수립하고 이행을 위한 역량을 제고하고 있습니다.

미국의 경우 재생에너지 조달을 원하는 대규모 구매자들의 협의체인 재생에너지구매자연합(Renewable Energy Buyer's Alliance, REBA)이 있습니다. REBA는 2013년 세계자연기금(World Wide Fund For Nature, WWF)가 주도한 재생에너지 확보의 가속화와 시장 장벽 해소에 대한 논의로부터 시작되어, 사회적 책임을 위한 기업들(Business for Social Responsibility, BSR), 록키 산악 연구소(Rocky Mountain Institute) 그리고 세계자원연구소(World Resources Institute)와 같은 NGO 파트너들과 대규모 에너지 구매자들의 요구를 해결하기 위한 독립적인 기구로서 탄생하였습니다. 상업 및 산업부문, 비영리 단체, 에너지 제공 업체 및 서비스 제공 업체 등 다양한 이해관계자 200여 명 이상이 참여하고 있는 REBA는 청정에너지 시장 개척에 필요한 지식과 자원을 다양한 이해관계자와 공유하고 청정에너지의 국제적 조달을 지원합니다. 이처럼 재생에너지 확대를 위한 노력은 정부뿐 아니라 핵심 주체인 기업 그리고 이와 관련된 모든 이해관계자가 함께 협력할 때 효과적으로 목표를 달성할 수 있음을 알 수 있습니다.

5

다함께 잘 사는 포용적
기후친화 공동체 구축

• • •

탄소중립 사회를 구현하기 위해서는 화석연료에 의존하고 있던 경제 생태계의 획기적인 변화가 반드시 필요한데, 이 과정에서 누구도 도태되어서는 안 될 것입니다. 이 문제를 다루기 위한 공정한 전환(또는 정의로운 전환, Just Transition)의 논의에 대한 이해는 중요합니다. 또한 중앙정부는 물론 지방정부, 기업, 시민사회, 미래세대 등 다양한 이해관계자들이 다 같이 참여하는 기후 친화적인 공동체 구축이야말로 기후변화 대응을 위한 계획들이 잘 실천될 수 있는 밑바탕임을 알 필요가 있습니다.

5-1 탄소중립과 정의로운 전환

국제통화기금(IMF)는 경제성장을 위협하는 핵심 요인으로 기후위기를 지적하며, 기후변화 대응을 위해서는 국가 경제정책에 탄소중립 전략이 반영된 전환적 개혁(Transformational Reforms)이 필요함을 강조하고 있습니다. 전 지구적으로 강화되고 있는 기후변화 대응 추세에 발맞춰 UNFCCC 당사국들도 1.5℃ 목표에 부합하는 국가결정기여(NDC)를 이행하기 위한 치열한 노력을 경주해 오고 있습니다. 탄소중립 사회로 이행은 새로운 기회를 창출하지만, 동시에 경제 생태계의 획기적 변화가 요구된다는 점에서 전환 과정에서 피해를 입거나 낙오되는 이들이 발생하지 않아야 합니다. 예컨대, 화석연료를 기반으로 한 사회에 의존하던 기업, 지역 사회 노동자 등은 어려움에 봉착할 수 있습니다. 따라서 최근에는 탄소중립 사회로 전환하는 구조적 과정에서 소외되거나 피해를 받는 계층이 없도록 전환의 과정과 결과가 모두에게 정의로워야 한다는 정의로운 전환에 대한 논의가 활발해지고 있는 것 같습니다. 1970년부터 논의되어 온 정의로운 전환은 1990년대 후반부터 기후위기와 연계되어 민주성, 다양성, 공정성 등 다양한 가치를 포괄하며 기후 취약계층을 보호하는 사회 포용의 개념으로 확장되었습니다. 이러한 전 지구적 추세에 따른 우리나라의 정의로운 전환의 동향과 대응을 간단히 소개해 주시고, 해외에서 잘 추진되고 있는 정의로운 전환의 사례가 있다면 공유해 주세요.

정의로운 전환(Just Transition)은 파리협정에도 명시가 된 전 지구적 과제로 환경을 보호하면서도 고용을 지속하기 위한 과정에서 발생할 수 있는 갈등을 조정하고 협력을 추동하기 위한 정책적 방향성을 의미합니다. 기후 의제와 관련해서는 탈탄소사회로 전환 과정에서 발생할 수 있는 충격과 부담을 사회가 분담하여 피해를 최소화하는 것을 골자로 합니다. 전 세계적으로 기후변화 대응이 강화되며 화석에너지의 역할 축소에 대한 논의가 가속화 되고 있습니다. 탈탄소 전환에는 다양한 이해관계자가 존재한다는 점에서 그 과정에서 갈등은 필연적일 수밖에 없습니다. 당면하여, 전 세계국가들은 탄소중립 달성의 과정에 있어 화석에너지산업의 축소로 야기되는 사회·경제적 부정적 파급력과 취약계층의 피해를 최소화하기 위한 노력을 경주해 오고 있습니다.

국제노동기구(ILO)는 2015년 '모두에게 환경적으로 지속가능한 경제와 사회를 위한 정의로운 전환 가이드 라인을 수립하여, 아무도 소외되지 않는 정의롭고 표용적인 전환을 위한 원칙을 제공하고 있습니다. 최근 독일, 영국, 미국 등 주요 선진국들은 국가 혹은 지역 수준에서 정의로운 전환을 법제화 하고 있습니다. 탈탄소체제로 산업구조가 재편되면서 피해를 받는 노동자에게 보상을 하고 재취업 교육 및 대체 고용 등을 제공하는 것이 주요 골자입니다.

한국은 「기후위기 대응을 위한 탄소중립·녹생성장 기본법」(약칭: 탄소중립기본법)에서 정의로운 전환을 '탄소중립 사회로 이행하는 과정에서 직·간접적 피해를 입을 수 있는 지역이나 산업의 노동자, 농민, 중소상공인 등을 보호하여 이행 과정에서 발생하는 부담을 사회적으로 분담하고 취약계층의 피해를 최소화하는 정책방향'이라고 정의하고 있습니다. 2020년에 발표한 '2050 탄소중립 추진 전략'에서 '탄소중립 사회로의 공정전환'을 3대 정책방향 중 하나로 제시하며 정의로운 전환을 다루기 시작하였습니다. 2021년 9월 제정한 탄소중립기본법 제47-53

조에서 기후위기 사회안전망의 마련, 정의로운 전환 특별지구의 지정, 정의로운 전환 지원센터의 설립, 지역 현황조사 등 정의로운 전환에 관한 내용을 규정하고 있습니다. 국내 석탄발전을 가스로 전환하는 과정에서 43%의 일자리가 감소할 것으로 추정됩니다. 관련 사업이 축소되면 지역경제에 미치는 영향도 심각하다는 점에서 직·간접적으로 피해를 받을 수 있는 산업, 지역, 노동자 등의 피해와 사회적 부담을 분담하고 취약계층을 보호할 수 있는 정책 마련이 필요합니다. 국내에서 석탄화력발전 폐쇄와 관련한 정의로운 전환이 공론화가 더 필요하다는 지적이 있으며 특히 다양한 이해관계자가 참여하고 정책을 조율할 수 있는 체계적이고도 유연한 거버넌스 마련이 필요하다는 의견도 존재합니다.

한국처럼 정부 주도하에 석탄화력발전 폐쇄를 추진하고 있는 독일의 정의로운 전환 사례는 시사하는 바가 있습니다. 독일은 정부의 에너지 및 기후변화 정책에 관한 사회적 합의를 도출하기 위해 탈석탄위원회인 성장·구조변화·고용위원회를 설립하였으며, 동 위원회에서 도출한 정책 결과를 법제화하여 정의로운 전환의 기반을 마련하였습니다. 다양한 이해관계자로 구성된 탈석탄위원회가 석탄화력발전 폐쇄로 영향을 받는 지역에 직접 조사를 이행하고 그 결과에 기반해서 추진 체계를 마련하였습니다. 특히 위원회가 제안한 정책 권고를 법제화하여 정책을 추진하는데 일관성을 확보하였으며 후속 조치로 정의로운 전환 전용 기금을 설치하고 집행되었다는 점에서도 주목할 만한 사례입니다. 탈석탄위원회의 목표는 탈석탄정책으로 피해를 받는 지역에 금전적 보상뿐 아니라 향후에 지속가능한 경제성장을 위한 대안까지 염두에 두는 포괄적인 정책적 접근을 하고 있습니다. 위원회의 제언에 따라 지역의 석탄화력발전소 조기폐쇄가 결정되면 실직 근로자와 민간 사업자들에게 보상금이 지급되고, 근로자 재훈련 프로그램을 제공한다는 점에서 정의로운 전환이 단순 피해 보상의 수준을 넘어 지속가능한 경제와 녹색산업 발전을 염두에 둔 일자리 창출까지 염두에 두었음을 시사합니다. 독일의 탈석탄위원회는 중앙정부, 지방정부, 노동자, 지자체, 환경단체, 산업단체, 전문가 등이 참여하여 다양한 층위의 입장을 반영할 수 있는 협의체로서 협력을 활성화하는 중요한 플랫폼으로 작동하였습니다. 또한 석탄화력발전 폐쇄라는 국가적 현안에 대한 논의를 확장시키는 노력을 하였는데 다양한 이해관계자의 이익과 피해를 공론화하고 여론의 참여를 제공하는 등 사회적 대화기구로서 기능하였습니다. 무엇보다 탈석탄위원회가 도출한 정책적 제언이 법제정으로 이어지는 전례 없는 성과로 이어졌으며, 법제화는 정부가 일관성을 가지고 정책을 이행하는데 중요한 발판이 되었습니다.

EU는 2019년 발표한 유럽 그린딜(European Green Deal) 이행과 안전한 재원 조달을 위해 2020년 유럽 그린딜 투자계획(European Green Deal Investment Plan, EGDIP)과 정의로운 전환메커니즘(Just Transition Mechanism, JTM)의 구축을 공식화하였습니다. 정의로운 전환 메커니즘은 전환 과정에서 특정 회원국이 불공정한 피해를 받지 않도록 하는 핵심 도구로서 EU 회원국들이 유럽 그린딜을 달성할 수 있도록 설계하고 지원하는 중요한 역할을 합니다. 특히 화석연료에 의존하는 지역을 우선 대상으로 탄소중립 전환 과정에 있어 부정적인 파급을 최소화하기 위한 다양한 정책을 이행하고 있습니다. 정의로운 전환 메커니즘의 세 가지 재원 조달 축으로 정의로운 전환기금(Just Transition Fund, JTF), InvestEU 프로그램, 공공부문 대출제도(Public Sector Loan Facility)가 있습니다. 또한 정의로운 전환 메커니즘을 통해 EU 집행위는 사회, 지방정부, 비정부기구 등이 참여하는 거버넌스 체계인 정의로운 전환 플랫폼(Just Transition Platform, JTP)을 구축하여 회원국이나 투자자 등에 기술지원 및 지속중립 경제로의 전환에 대한 정보를 제공합니다. 이를 통해 EU 회원국의 모든 이해관계자가 기후 중립적인 경제로 전환하는 데 필요한 정보와 지식을 보유할 수 있도록 합니다. 특히 화석이나 탄소 집약 산업에 의존하는 지역의 다양한 이해관계자들에게 지식공유 사업을 이행하고 시범사례를 적극 공유하며, 정기적인 모임을 통해 정의로운 전환에 대한 의견을 공유하고 논의할 수 있는 기회를 제공하고 있습니다. 이처럼 정의로운 전환은 사회적 대화를 통해 의제를 공론화하고 그 누구도 소외되지 않도록 다양한 분야에서의 이해관계자들로 구성된 체계적이고 유기적인 거버넌스의 구축이 필요함을 알 수 있습니다.

기후변화 문제를 해결하는 과정에는 다양한 이해관계자들이 관여할 수밖에 없습니다. 중앙정부와 기업은 물론, 지방정부와 시민사회, 미래세대의 목소리도 반영되어야 합니다. 하지만 때로는 의견을 개진할 기회 없이 정책 개발 과정에서 소외되거나 불이익을 받는 경우도 있습니다. 이러한 문제를 해결하기 위해서는 시민사회와 미래세대가 적극적으로 참여할 수 있는 거버넌스 체계를 구축하는 것이 중요합니다.

시민사회와 미래세대의 바람직한 역할은 다양한 방면에서 찾아볼 수 있습니다. 예를 들어, 시민사회는 정부와 기업의 기후변화 대응 정책에 대한 감시 역할을 할 수 있으며, 지역 사회의 기후변화 적응 및 완화 활동을 주도할 수 있습니다. 미래세대는 기후변화 교육을 통해 기후변화 문제에 대한 인식을 높이고, 창의적이고 혁신적인 해결책을 모색하는 역할을 해야 합니다. 이는 기후변화 대응을 위한 장기적이고 지속가능한 전략을 마련하는 데 매우 중요합니다.

2024년 4월 헌법재판소에서는 미래세대의 헌법상 생명권, 환경권, 건강권 등 기본권을 침해당했다고 주장하는 청소년 기후단체의 헌법소원에 대한 공개 변론이 있었습니다. 이는 아시아 최초의 기후소송으로, 우리나라뿐만 아니라 국제 사회에서도 큰 관심을 받고 있습니다. 이와 같은 법적 행동은 기후변화 문제의 심각성에 대한 경각심을 일깨우고, 정부의 책임을 강화하는 데 기여합니다.

기후변화 대응 거버넌스를 구축하기 위해서는 몇 가지 요소가 필요합니다. 첫째, 다양한 이해관계자들이 참여할 수 있는 포괄적이고 투명한 의사 결정 구조가 필요합니다. 둘째, 교육과 홍보를 통해 기후변화 문제에 대한 인식을 높이고, 모든 세대가 기후변화 대응에 동참할 수 있도록 해야 합니다. 셋째, 지방정부와 중앙정부 간의 협력과 조정을 강화하여 정책의 일관성과 효과성을 높여야 합니다. 따라서 시민사회나 미래세대가

합당한 역할을 할 수 있도록 하는 것이 중요할 것이라고 생각합니다. 기후변화 대응 차원에서 바람직한 시민사회와 미래세대의 역할은 무엇이며, 이들이 함께 참여할 수 있는 거버넌스는 어떻게 만들어 갈 수 있을까요?

기후변화 문제를 효과적으로 대응하기 위해서는 다양한 이해관계자들이 참여하는 포괄적이고 협력적인 거버넌스 구조가 필요합니다. 기후변화의 주요 원인인 온실가스 배출량을 국가 단위로 보면, 미국, 중국, 인도, 유럽연합(EU), 러시아 같은 경제 대국들이 상위권을 차지하지만, 결국 온실가스 배출의 실질적인 주체에는 기업은 물론 시민 개개인도 모두 포함됩니다. 따라서 사회 구성원 모두가 책임감을 가지고 기후변화 대응에 적극적으로 협력할 필요가 있습니다.

사회에는 다양한 구성원들이 존재하는 만큼, 기후변화 대응을 둘러싼 이해관계가 충돌하기도 합니다. 그러나 시민사회와 미래세대의 역할은 매우 중요하며, 이들이 적극적으로 참여할 수 있는 환경을 조성하는 것이 필수적입니다.

시민사회는 정부와 기업의 기후변화 대응 정책과 활동을 감시하고 평가하여 투명성을 확보하고 책임을 부여하는 역할을 합니다. 독립적인 판단과 평가를 통해 보고서를 작성하고, 필요 시 공개토론회나 캠페인을 통해 문제점을 제기할 수 있습니다. 이러한 정보력에 기반을 두고 기후변화와 관련된 최신 정보와 과학적 사실을 대중에게 제공하고, 교육 프로그램을 운영하여 인식을 높일 수 있습니다. 또한 지역사회 기반의 워크숍, 세미나, 온라인 플랫폼을 활용하여 시민들의 참여를 촉진할수 있습니다. 특히, 기후변화 대응을 위한 구체적인 정책 제안서를 작성하고, 정책 개발 과정에 참여하여 다양한 의견을 반영하는 것이 중요합니다. 시민사회 단체 간의 네트워크를 강화하여 공동의 목소리를 내고 협력적 해결책을 모색하는 것도 필수적입니다. 이와 같은 시민사회의 역할은 기후정의와 관련된 이슈를 제기하고, 국제 협상에서 중요한 기술적 전문가로서 기여하는 데도 중대한 역할을 합니다.

미래세대를 대변하는 조직들도 중요한 역할을 합니다. 2024년 4월에는 정부의 기후변화 대응이 부실하여 헌법상의 기본권인 생명권, 환경권, 건강권 등이 침해됐다고 주장하는 청소년 기후단체, '청소년기후행동'이 제기한 헌법소원에 대한 공개변론이 있었습니다. 이는 국내 최초이자 아시아 최초입니다. 이러한 법적 행동은 기후변화 문제의 심각성에 대한 경각심을 일깨우고, 정부의 책임을 강화하는 데 기여합니다.

미래세대의 역할은 청소년 의회나 미래세대 위원회를 통해 정책개발 과정에 참여하고 의견을 개진하는 것입니다. 또한, 기후변화 대응을 위한 새로운 기술이나 접근방법을 제안하고, 혁신적인 프로젝트를 기획할 수도 있습니다. 학교와 대학에서 기후변화 교육을 강화하고, 동아리나 모임을 통해 기후 행동에 동참하는 것도 중요한 역할 중 하나입니다. 소셜 미디어나 디지털 플랫폼을 활용하여 기후변화의 심각성을 알리고, 동료와 가족의 참여를 유도하기도 합니다.

그러나 시민사회가 때로는 정치적 성향으로 흐르는 경우도 있습니다. 이는 기후변화 대응의 본질적인 목적에서 벗어날 위험이 있으므로,

보다 중립적이고 독립적인 접근이 필요합니다. 시민사회의 활동이 정치적 이슈에 치우치지 않고, 기후변화 대응의 과학적이고 객관적인 사실에 기반을 두도록 노력해야 합니다. 이는 시민사회의 신뢰성을 높이고, 다양한 의견을 반영하는 데 도움이 됩니다.

기후변화 대응에 참여하는 시민사회 단체들의 대표성을 확보하는 것도 중요합니다. 특정 단체를 소개할 때, 다양한 단체들의 목소리를 함께 반영함으로써 특정 단체만의 대표성에 의문이 제기되지 않도록 하는 것이 필요합니다. 이를 위해 다양한 시민사회 단체와 미래세대 조직의 참여를 유도하고, 이들이 협력할 수 있는 플랫폼을 제공해야 합니다.

기후변화 대응 거버넌스는 시민사회와 미래세대가 적극적으로 참여할 수 있도록 설계해야 합니다. 정치 제도를 개혁하여 미래세대의 권리를 보호하고, 기후변화 관련 정책 과정에 시민사회 조직의 참여를 공식적으로 포함시키는 방안을 모색해야 합니다. 예를 들어, 유엔 미래세대 고위대표의 임명, 글로벌 시민 총회와 같은 제안을 포함할 수 있습니다. 이는 국제사회에서도 기후변화 대응에 있어 중요한 역할을 할 수 있습니다.

또한, 지역 차원에서의 협력과 활동을 통해 기후변화 대응 노력을 강화해야 합니다. 예를 들어, Earth Hour와 같은 글로벌 시민사회 활동이 지역 사회에서의 기후변화 대응을 촉진하는 중요한 역할을 했다는 연구도 발표된 바 있습니다. 이러한 활동은 지역 주민들의 참여를 유도하고, 기후변화 대응의 중요성을 알리는 데 기여합니다.

시민단체들과 미래세대를 아우르는 조직들을 포용하는 거버넌스 구조를 통해 시민사회와 미래세대가 적극적으로 기후변화 대응에 참여할 수 있도록 함으로써, 보다 효과적이고 지속가능한 기후 정책을 구현할 수 있을 것입니다. 결론적으로, 기후변화 대응은 사회 구성원 모두의 협력과 참여가 필요합니다. 시민사회와 미래세대가 적극적으로 참여할 수 있는 거버넌스 구조를 구축함으로써, 우리는 보다 효과적이고 지속가능한 기후 정책을 마련하고 실행할 수 있습니다. 이를 위해 중립적이고 포괄적인 접근 방식을 통해 다양한 목소리가 반영될 수 있도록 노력해야 합니다.

NDC 달성을 위해서는 지역 공동체의 역할을 어떻게 담보할 것인가가 중요한 문제입니다. 도시와 지방정부는 온실가스의 주요 배출원이라는 점에서 온실감축 이행의 핵심 주체로 강조되며 기후위기 대응에 있어 역할을 강화해야 한다는 목소리도 커지고 있습니다. 도시의 경우 그 산정 방법에 따라 다르기는 하지만, 전 세계 온실가스 배출의 70%를 차지합니다. 따라서 이들의 노력이 중앙정부의 정책과 연계가 되지 않는다면 실효성이 떨어질 수밖에 없습니다. 지방정부, 지역공동체가 기후변화에 효과적으로 대응하기 위한 방안에는 무엇이 있을까요?

지방정부들도 UNFCCC에서 개최하는 지방정부정상회의에 참여하며 글로벌 감축목표를 중앙정부가 달성할 수 있도록 요구하기도 하고 동시에 자체적으로 NDC를 이행하기 위해 지역 실정에 맞는 계획을 수립하며 국가의 NDC 달성에 영향력을 행사해 오고 있습니다. 과거 미국 트럼프 행정부가 파리협정 탈퇴를 선언했을 때 주 정부와 기업들은 여전히 파리협정을 지지한다는 의사를 밝히면서, 'We Are Still In'이라는 협의체를 구축하였습니다. 2017년 6월 5일 출범 이후, 미국의 시장들, 주지사들, 기업들, 대학 캠퍼스, 종교 단체들, 투자자들 등 3,900명 이상의 지도자들이 'We Are Still In'에 서명했는데 이들은 1억 5천 5백만 이상의 미국인을 대표하며 미국 경제에서 9조 달러 이상의 경제력을 가지고 기후변화 대응에 앞장서기 위한 노력을 이행해 오고 있습니다. 이

지도자들은 지역, 지방, 주 차원에서 변화를 주도할 수 있는 독특한 위치에 있으며 이해관계자들 간 협력하여 아래로부터 탈탄소화를 이루기 위한 노력을 강화하고 미국 경제 전반에 더 큰 변화를 이끌어 내고 있습니다. 우리나라 지방자치단체들도 2020년 '기후위기 비상선언'을 통해 탄소배출세로 실현을 위해 주도적 역할을 하겠다고 선언한 바 있습니다. 당시 선언에는 전국의 226개 지방정부가 참여하였는데, 이는 단일국가에서 모든 기초지방정부가 기후위기 비상사태를 동시에 선언한 최초이자 최대 규모입니다.

기후변화 대응에 효과적으로 대응하기 위해서는 지방정부의 기후행동을 지원하면서도 중앙정부와 체계적으로 연계된 기후변화 대응책을 마련하여 정책 추진 동력을 강화하고 정책효과를 높일 수 있습니다. 우리나라는 「기후위기 대응을 위한 탄소중립·녹색성장 기본법」(이하 탄소중립기본법)에서 지방정부에게 법적 근거를 마련해주고, 보다 선도적으로 기후변화 대응을 이행 할 수 있도록 하였습니다. 「탄소중립기본법」에서는 기존의 「녹색성장법」을 보완 및 개선하여 국가의 기후전략을 중앙정부와 지방정부가 연계하도록 규정하였습니다. 정부는 가장 상위법인 '국가 탄소중립 녹색성장 기본계획'을 규정하고(제10조), 동 국가기본계획과 지역적 특성을 고려하여 시·도 및 시·군·구는 「탄소중립 녹색성장 기본계획」'을 수립해야 합니다(제11조, 제12조). '국가 탄소중립 녹색성장 기본계획', '시·도 탄소중립 녹색성장 기본계획' 및 '시·군·구 탄소중립 녹색성장 기본계획' 간 체계를 명확하게 규정하였다는 점에서도 기존 「녹색성장법」과 차이가 있습니다. 또한 지방자치단체의 영향력 강화와 역할의 다양화를 위한 내용도 반영되었습니다. 시·도에서만 수립할 수 있었던 '탄소중립 녹색성장 기본계획'을 시·군·구도 수립할 수 있도록 조항이 추가되었으며 '2050 지방탄소중립녹색성장위원회'도 시·도뿐 아니라 시·군·구도 조직 가능하도록 규정하였습니다.

또한 지방자치단체 간의 상호 협력을 증진하기 위해 '탄소중립 지방정부 실천연대(제65조)'를 신규 조항으로 신설하여 법적 근거를 가진 단체로 격상시켰습니다. 큰 틀에서는 중앙정부 주도의 하향식(top-down)으로 추진되더라도 세부적 이행은 지자체 실정에 맞는 상향식(bottom-up)으로 이뤄져야 하며, 정부는 지자체가 지역별 특성 및 여건을 고려한 정책을 수립하고 실행되는 과정에서 지속적으로 소통하며 지원해 나가야합니다.

특히 탄소중립 정책의 시작은 정확한 온실가스 배출량 산정에서비롯된다는 점에서 도시나 지자체에서 발생하는 온실가스 감축 결과가중앙정부의 정보 관리체계에 체계적으로 연계되어야 할 것입니다. 우리나라의 온실가스 통계 정보는 배출원 부문별로 국가 전체 및 광역지자체 단위로 이뤄지고 있습니다. 수원시, 서울시 등 일부 지자체를 제외한 대부분의 기초지자체의 경우 온실가스 인벤토리가 구축되어 있지않아 온실가스 감축목표 설정, 감축 전략 수립 등에 한계가 있습니다.지역적 특성이 반영된 지자체 통계 정보는 지자체 자체적인 대응 계획을 수립할 때 필요하며, 이러한 하부단위의 정보들이 중앙정부 차원의제도에 연계될 수 있는 체계적인 제도적 기반을 갖추는 것이 중요하다고 생각합니다.

기후변화 대응에 있어 도시의 역할도 매우 중요하다는 점에서 지방정부도 도시의 기후행동을 강화하기 위한 다양한 협업을 장려하고추진해오고 있습니다. 유엔인간주거계획(UN HABITAT)에 따르면 도시는 전체 면적의 약 3%이지만 전체 온실가스 배출량의 50−60%를 차지하고 전체 에너비소비량의 비중은 75%나 됩니다. 특히 도시화가 급격하게 진행되고 있는데 2030년에는 세계인구의 60%, 2050년에는 70%가 거주하게 될 것으로 예상된다는 점에서, 온실가스 감축에 있어 도시의 기후리더십은 막대한 영향을 미칠 수 있습니다.

세계 주요 도시들은 자체적으로 온실가스 감축목표를 수립하고 지역의 특성을 고려한 다양한 감축사업을 추진 및 이행해 오고 있습니다. 대표적인 협의체가 도시기후리더십그룹(Cities Climate Leadership Group, C40)입니다. C40는 영국의 런던 시장이 제안한 기후변화 공동 대응 협의체로 온실가스 배출 수준이 높은 40개 도시가 모여 출범하였으며, 에너지 효율 제고와 재생에너지 활성화 등을 목표로 합니다. C40 회원수는 점차 증가하여 2024년 5월 기준 96개 도시가 참여하고 있으며, 이들의 활동은 전 세계 GDP의 22%에 해당한다는 점에서 전 세계 인구 12명 중 1명이 참여하는 것과 같은 영향력을 가지고 있다고 할 수 있습니다. C40의 주요한 활동 중의 하나는 파리협정 1.5℃ 목표 달성을 위해 모든 회원도시가 2050 탄소중립 목표를 설정하고 추진을 위한 기후변화대응계획의 수립을 의무화하는 것입니다. 우리나라의 경우 서울이 2009년 C40에 가입하였으며 2018년에는 2050 탄소중립 목표를 설정하고 2021년에는 탄소중립 달성계획인 '2050 서울 기후행동 계획'을 수립하여 C40로부터 승인을 받기도 하였습니다.

또한 세계적으로 영향력 있으며 높은 수준의 탄소 감축을 달성한 도시들의 연합체인 탄소중립 도시동맹(Carbon Neutral Cities Alliance, CNCA)도 있습니다. CNCA는 향후 10−20년 내에 탄소중립을 달성하기 위해 야심찬 온실가스 감축목표를 수립하고 혁신적인 해결책과 정책적 수단을 제시하고자 하는 협의체로 더 많은 도시에서 탄소중립 활동을 가속화하기 위해 비회원들이 참여를 촉진하기 위한 다양한 활동을 후원하고 경험을 공유하고 있습니다. 이처럼 도시와 지방정부는 기후변화에 효과적으로 대응하기 위해 자체적으로 네트워크를 구축하여 기후변화 대응을 독려하고 추진해 나가는 모습을 보이고 있습니다.

다함께 잘 사는 포용적
기후친화 공동체 구축

6

수출로 이룩한
대한민국 경제발전:
새로운 가치창출의 핵심은
기후변화 국제협력

● ● ●

좁은 국토, 높은 인구밀도, 부족한 부존자원을 가진 우리나라는 국제사회를 무대로 정책을 추진할 때만이 좋은 기회를 잡을 수 있습니다. 그동안 국가 경제 발전을 이룬 것도 무역국가로서 국제시장을 적극적으로 개척했기 때문입니다. 기업들도 글로벌 시장을 대상으로 적극적인 상품 수출과 해외 투자를 통하여 성장하여 왔습니다. 이러한 맥락에서 충분히 큰 국내 시장을 갖고 있는 미국, EU, 중국, 인도와는 다른 해외 시장 개척을 위한 글로벌 기후리더십 제고를 위한 전략을 추진할 필요가 있습니다. 하지만 아직 국내에서는 기후변화 대응 논의가 대부분 국내 차원에 머물고 있는 것도 현실입니다. 이 장에서는 국제사회에서 다양한 협력을 통해서 국제사회의 기후변화 대응 노력에 기여하면서 국내적으로 부족한 기후변화 대응 목표를 이루고 국제사회의 다양한 기회를 활용하는 데 중요하다는 점에 대한 이해를 도와드립니다.

6-1 NDC 달성을 위한 파리협정 제6조를 활용한 국외감축의 중요성

파리협정은 기후변화 대응을 국가들의 NDC를 통해서 달성하도록 구조화하였습니다. 이것은 기후변화 대응이 국가 단위에서만 이뤄져야 하는 것을 의미하지는 않습니다. 국가들의 협력을 통해서도 얼마든지 기후변화 대응을 할 수 있는데, 그 좋은 예가 앞에서 설명한 파리협정 제6조입니다. 흔히들 온실가스 감축은 국내에서만 해야 한다고 생각하는 경향이 있는 우리나라는 세계시장을 대상으로 상품을 생산하는 에너지 집약적 산업구조를 갖고 있습니다. 세계 시장에서 필요한 상품 생산을 하다 보니 국내에서 필요한 상품 생산보다 훨씬 더 많은 온실가스를 배출하게 됩니다. 따라서 다른 국가의 온실가스 감축 활동에 동참하여 감축된 결과를 우리의 국가 온실가스 감축목표 달성에 활용하는 것이 우리의 NDC를 달성하면서 국제사회의 기후변화 대응에 비용효과적으로 기여할 수 있는 방법입니다. 소위 국외감축이라 불리는 파리협정 제6조를 활용한 국제협력을 통한 기후변화 대응에 관한 우리나라의 정책은 무엇이고, 향후 추진 방향은 어떻게 되는지요?

온실가스 감축은 국내에서 배출된 온실가스를 다 줄이면 가장 좋고, 또 그렇게 할 수 있도록 노력해야 합니다. 하지만 나라마다 사정이 다 다르니 그렇게 할 수 있는 국가도 있고, 그렇지 못한 국가도 있습니다. 우리나라는 경제발전 과정에서 철강, 석유화학 등 에너지 집약적 산업 중심의 경제구조를 갖게 되었습니다. 즉, 우리나라는 온실가스 감

축을 하기 위한 한계비용이 매우 높은 나라입니다. 반면에 상대적으로 온실가스 감축을 위한 비용이 낮거나, 아직 스스로 온실가스 감축 정책을 시행하기 위한 기술과 역량이 부족한 국가들도 있습니다. 이산화탄소 같은 온실가스는 그 영향이 국가나 지역에 머물지 않고 지구 전체에 미치기 때문에 온실가스 감축은 결국은 국제사회 전체의 온실가스 배출량을 줄여야 하는 것이라면, 국가 간에 협력을 해서 국제 사회 전체로 봐서 온실가스 감축에 대한 더 좋은 결과를 가져오는 것이 중요할 것입니다.

현재, 우리나라의 국가 온실가스 감축목표 달성을 위한 계획을 보면, 2030년까지 2018년 배출량 대비 40%를 감축해야 합니다. 2030년 기준으로 보면, 감축량의 약 13%에 해당하는 3,750만 톤을 국외에서 감축한 온실가스 감축량을 활용해야 합니다. 그렇다면 누가, 어디에서, 어떻게 추진을 할 수 있는 것일까요? 이와 관련된 제도와 원칙에 대해 규정하고 있는 것은 앞에서 자세히 설명한 파리협정 제6조입니다. 흔히들 파리협정 제6조를 탄소시장이라고 부르고는 합니다. 하지만 파리협정 제6조에서는 시장(market)이란 단어를 찾아볼 수 없고, 그 이행과정에서 탄소시장을 이용할 수도 있지만 그렇지 않을 수도 있어서 탄소시장보다는 더 큰 범위를 다루고 있습니다. 파리협정 제6조에 대해서는 이 책의 다른 곳에서 자세히 다루고 있고, 여기에서는 이를 이행하기 위한 우리나라의 정책에 대해 소개하겠습니다.

우리나라에서는 국가 온실가스 감축목표를 달성하기 위한 국외감축 관련 정책을 탄소중립녹색성장기본법과 동 시행령 및 고시에 규정하고 있습니다. 국내법은 국외감축과 관련해서 국제감축사업이라는 용어를 사용하고 있습니다. 국제감축이라는 용어를 사용하게 된 계기는 탄소중립녹색성장기본법, 특히 국외감축 관련하여 자세한 규정을 둔 동 시행령을 마련할 당시 아직 유엔기후변화협약상 제6조에 관한 세부지침에 관한 논의가 진행되고 있는 상황에서 성급하게 국내법 규정이 먼저 마련된 결과로서 시급히 시정될 필요가 있습니다.

탄소중립녹색성장기본법은 국외감축과 이전에 관한 기본적인 정의와 절차를 명시하고 있고, 구체적인 내용은 2022년 7월 11일에 제정된 동법 시행령에서 규정하고 있습니다. 동 시행령 제32조에서 제38조까지 관련 내용이 규정되어 있는데, 각 조항의 주요 내용은 아래의 표와 같습니다.

표 6-1 국외감축 관련 탄녹법 시행령 주요 내용

조항	내용
제 32 조	국제감축사업의 사전 승인 기준, 방법 및 절차
제 33 조	국제감축심의회
제 34 조	국제감축사업의 보고
제 35 조	국제감축 등록부
제 36 조	국제감축실정의 취득 및 거래, 소멸의 신고
제 37 조	국제감축사업실적 이전의 승인
제 38 조	국제감축사업 전담기관

출처: 정지원, 정서용 외 3인

이러한 국외감축 관련 기본 정부 정책에 따른 이행은 각 소관 부처가 담당하고 있습니다. 각 부처는 부처가 담당하고 있는 감축분야에서 법상 소위 국제감축사업을 담당을 하는 전담기관을 지정하고 있습니다. 산업부의 에너지공단, 대한무역공사, 환경부의 환경공단과 수자원공사, 산림청의 임업진행원이 바로 이런 부처의 전담기관의 예입니다.

실제 파리협정 제6조를 활용한 국외감축의 추진은 선진국과 개도국 불문하고 가능하지만 현재는 주로 개도국을 대상으로 추진하고 있습니다. 먼저 외교부 주도로 대상 개도국과 포괄적 기후변화협력협정을 체결하고, 각 분야별로 해당 부처가 협력을 위한 구체적 추진방안을 담은 MOU를 체결하고 있습니다. 아직은 대부분의 사업은 교토의정서에서의 CDM과 유사한 수준의 프로젝트 수준으로 추진되고 있습니다. 다만 산림분야의 경우에는 국가 단위로 협력을 기본으로 하는 REDD$^+$가 이미 교토의정서에 마련되어 활용되고 있기 때문에 국가단위로 협력 논의가 있습니다. 라오스와의 준국가 단위의 협력 논의가 그 예입니다.

국외감축제도의 활용은 우리국가의 글로벌 리더십을 발휘하고 또 효과적으로 국가 온실가스 감축목표를 달성하면서 국제사회에 기여하기 위해서 매우 중요하지만, 아직은 그 구체적인 성과를 만들어 내지 못하고 있습니다. 적극적인 국외감축제도의 활용을 위해서 향후에 개선·발전시켜야 할 점들은 아래와 같습니다.

첫째, 우리나라가 추진하는 국외감축 활동은 대규모의 국외감축분 활용을 전제로 하고 있습니다. 이러한 측면에서 기존 교토의정서상의 CDM과 같은 프로젝트 단위의 협력 활동은 지나친 행정비용 발생, 충분하지 못한 국외감축분 확보, 해당 정부와의 협력 논의 유지의 어려움 등의 이슈를 다뤄야 합니다. 이러한 어려움을 극복하면서 국가 단위 내지는 준 국가 단위로 협력을 이끌어 낼 수 있는 정부 차원의 정책과 추진 가이드라인의 마련이 필요합니다. 이러한 노력은 국외감축과 관련된 국제사회의 논의를 이끄는 유엔 기후변화 협상에서 우리 정부의 국제 협상에서의 추가적인 기여도 포함합니다.

둘째, 국외감축을 추진하는 데 있어서는 민간부문의 참여가 필수적입니다. 국제적으로 이전된 감축실적(ITMOs)은 그 사용목적이 국가 NDC 달성에 사용하는 것과 함께 다른 국제감축목표(OIMP)를 위해서도 사용할 수 있으므로, 민간이 NDC 달성을 위한 국외감축 활동에 참여하면서 민간부문의 투자가 이뤄질 수 있도록 해야 할 것입니다. 이를 위해서는 취득하는 ITMOs에 대해서 정부와 민간이 어떤 비율로 어떻게 배분을 할 것인지, 민간이 참여하여 이행하여 발생하는 국외감축분을 국가 온실가스 감축목표에 활용 이외에도 같이 사용하려는 경우에 이 문제를 어떻게 다룰 것인지, 민간이 순수하게 국가온실가스 감축목표 달성이 아닌 민간 스스로 활용을 하기 위해서 (즉, OIMP를 위해서) 귀국하는 경우에 어떻게 할지 등 국내로 이전할 경우에 발생할 수 있는 다양한 이슈를 다룰 정책 가이드라인이 필요합니다.

셋째, 대상국을 발굴하고 국외감축과 관련 협력 논의를 대상국과 진행할 때 경우에 따라서는 다양한 분야에 관해서 다양한 이해관계자들이 함께 참여하는 양자 논의가 필요할 것입니다. 이 경우는 현재처럼 개별 부처별로 추진하는 경우에는 불필요한 중복 또는 시너지 효과 창출 기회 상실 등의 문제가 발생할 수 있습니다. 국가 간에 자유무역을 논의하기 위한 FTA 협상에서는 전 부처가 참여하는 FTA 협상 체계를 갖추어서 추진을 한다는 점을 고려하면, 범부처차원의 대규모 국외감축 추진을 위한 치밀한 협상전략의 개발이 필요할 것입니다.

마지막으로, 민간 참여와 관련하여 자발적 시장의 논의를 어떻게 할 것인가에 관한 정확한 정책 가이드라인이 필요합니다. 이는 민간 참여에 따른 배분의 문제와도 관련이 있지만 유엔 파리협정 체제에서 인정을 받을 수 있는 국외감축분 생산을 위한 방법론 차원에서도 접근할 필요가 있습니다.

국제 무역국가로서 경제발전을 이끌어 온 우리나라는 기후변화 대응 과정에서 국외감축제도의 적극적인 활용을 통해서 국제사회의 기후변화 대응 노력을 이끌 수 있는 또 다른 기회를 만들 필요가 있습니다. 또한 이를 통해서 우리나라의 국가 온실가스 감축목표 달성을 더욱 비용효과적으로 이뤄내고 새로운 해외 일자리 창출도 가능할 것입니다.

코로나 19 팬데믹 위기 이후 기후변화, 신종 감염병 등 새로운 안보위협이 국제 문제로 부각되며 국제사회는 한정된 공적개발원조(Official Development Assistance, 이하 ODA) 재원으로 더 많은 글로벌 이슈들을 감당해야 하는 어려움에 직면해 있습니다. 이러한 상황에서 한국도 중견 공여국으로서 K-ODA 역할을 확대하여 1.5도 목표 달성을 위한 전 지구의 탄소중립 달성에 기여해야 한다고 생각합니다. 한국이 기후변화 대응 강화에 동참할 수 있는 방법 중의 하나는 개도국의 기후행동을 지원하는 것입니다. 이를 위해서는 녹색 ODA 예산을 확대하는 것도 중요하지만, 재원 조달의 효과성을 제고하기 위한 방안을 더욱 심도 있게 고민해 보면 좋을 것 같습니다. 특히 기후변화 대응과 같은 연성이슈는 리스크가 크고 이익은 낮기 때문에 민간기업의 투자를 유도하는 데 어려움이 크다는 점에서, 공적자금을 촉매제로 활용하여 민간 재원을 유도할 수 있는 방안이 있다면 소개해 주세요.

녹색 공적개발원조(Green ODA)는 환경을 고려한 개발협력으로 개도국의 기후변화 대응을 위한 감축과 적응을 지원하는 개발협력을 의미합니다. 녹색 ODA에는 생물 다양성 보존, 기후변화 대응, 사막화 예방 등 기후복원력강화를 위한 사업들이 있으며 기후위기 대응을 위한 국제사회연대를 강화할 수 있는 좋은 매개가 될 수 있습니다. 한국이 그린분야에 지출한 금액은 전체 ODA의 약 20% 수준(2015 – 2019년 평균)

으로 2020년의 경우에는 12.7%로 오히려 감소했는데 이는 경제협력개발기구(Organization for Economic Cooperation and Development, OECD) 개발원조위원회(Development Assistance Committee, DAC) 평균인 28.1%에 비해 절반에도 못 미치는 수준입니다. 따라서 정부는 2025년까지 녹색 ODA 비중을 OECD DAC 평균 이상으로 대폭 확대하여 개도국의 녹색전환 지원을 강화할 계획을 밝혔습니다.

전 지구적으로 OECD DAC는 글로벌 목표 달성을 위한 이행수단으로서 절대적 금액의 재원이 중요하다는 공통된 합의가 조성되었습니다. 하지만 현실은 재원 부족의 어려움에 직면해 있습니다. 재원조달의 돌파구를 마련하기 위해 OECD는 주요 재원 중의 하나로 혼합금융(Blended Finance)을 제시하였습니다. 2014년 처음 소개된 혼합금융은 개발도상국이 지속가능 발전을 달성하기 위해 재원동원을 목적으로 하는 "개발재원의 전략적 사용"을 의미합니다. 단순히 설명하면, 민간 재원과 공공 재원을 혼합하는 것으로, 시장의 비효율성과 투자 위험 때문에 민간 투자자들이 개발도상국에 투자하기 주저하는 부문에 공공재원이 밑바탕이 되어서 리스크를 완화하고 적정 수익률을 창출할 수 있도록 하는 재원조달 방식을 뜻합니다.

OECD는 민간영역의 재원 조달 역할을 강조하고 있으며, 특히 민간 금융수단(Private Sector Instruments, PSI)을 제공하는 개발금융기구(Development Finance Institutions, DFIs)도 중요성이 부각되고 있습니다. DFIs는 1948년에 OECD DAC 회원국 중에서는 처음으로 영국이 독자적으로 설립한 식민개발공사(Colonial Development Corporation, CDC)에서 비롯된 개도국 개발을 위한 양자 간(bilateral) PSI 공급 공적기관을 의미합니다. 또한 개발목표를 추구한다는 점에서 수출금융(Export Credit Agencies,

ECA)과도 구분됩니다. DFIs의 지원형태인 PSI로는 대출, 보증, 펀드, 지분투자, 메자닌금융, 크레딧라인, 신디케이트론(Syndicated loans), 무상지원(기술지원 등), 사모펀드(Private equity funds) 등이 있습니다.

세계은행 그룹 산하의 다자기구인 국제금융공사(International Finance Corporation, IFC)도 DFI와 같은 기능을 하고 있습니다. 양자 · 다자 DFIs는 ODA와 개도국의 개발을 목적으로 한다는 점에서는 공통점이 있지만 인도적 지원을 하지 않고 PSI를 공급하기 때문에 다른 특성을 가지고 있습니다. ODA를 제공하는 원조기관(aid agency)의 경우 수원국에 높은 수준의 양허성(Concessionality) 제공을 기반으로 하는 데 비해 DFI의 PSI는 추가성(Additionality)을 특징으로 합니다. 또한 최근 ODA 방향성은 명확한 전략 아래 유무상 기관들이 상호 협력과 파트너십을 증진하여 효과성을 강화하고자 합니다. 이러한 측면에서 DFI는 다양한 공여체들을 참여시킬 수 있다는 점에서 다자 협력 프레임워크로서도 중요한 기능을 할 수 있습니다.

혼합금융 지원의 원칙은 개발도상국의 지속가능개발에 기여하고자 하는 기관, 주로 DFIs의 설립 목적에 부합해야 함을 밝히고 있습니다. DFIs는 수원국 복지증진과 경제성장을 촉진하는 개발목표를 추구하는 데 인프라부문을 비롯한 기후변화, 농업 등 사회적 파급력이 큰 개발목적의 사업을 영위하는 기업에 지원하는 것을 주요 목적으로 합니다. 지속가능한 개발을 위한 임팩트 투자(Social Impact Investment, SII)를 통해 수익을 창출한다는 점에서 민간자본과 개도국 시장 간 촉매 기능을 하며 다양한 금융기관의 참여를 유도하고 혁신적 금융을 사용하여 리스크를 분산시켜 위험을 완화시키는 역할도 합니다. 이러한 국제적 추세를 반영하여 한국이 녹색 ODA의 성과를 극대화하기 위한 방안 중의 하나는 개발금융의 외연 확장을 통해 재원조달의 경쟁력을 향상시키는 것입니다. 개도국의 민간투자를 지원하고 혁신금융기법을 활용하기 위해서 아직 한국에는 없지만 DFIs에 상응하는 기능을 할 수 있는 기반과 제도를 마련할 필요가 있습니다.

DFIs의 기후변화 대응 관련 사례를 소개하면 다음과 같습니다. 네덜란드 FMO(Nederlandse Financierings－Maatschappij voor Ontwikkelingslanden N.V.)의 공공펀드 프로그램인 열대우림 혼합금융 프로그램(Mobilising Finance for Forest, MFF)이 있습니다. 영국정부와 네덜란드의 FMO가 아프리카, 아시아, 남미 등의 열대우림 보전을 위한 혼합금융 프로그램을 운영하며 민간자금 참여를 촉진한 사례입니다. 영국정부가 총펀드 규모의 70-80%를 부담하는 모태펀드로 운영하여 하위 펀드에 재투자하고, 하위 펀드에서 공공과 민간의 혼합금융이 발생하였습니다. FMO는 직접투자로 총펀드 규모의 20-30% 부담했으며 기술지원(5%)에도 참여했습니다.

또한 덴마크기후투자펀드(Danish Climate Investment Fund)도 있습니다. 덴마크는 개도국의 기후변화 대응을 지원하기 위해 전 세계 150여 개 국가를 대상으로 기후변화 적응, 재생에너지, 에너지 효율 프로젝트, 대체 에너지 등의 사업에 투자해 오고 있습니다. 재원은 1,750억 유로 규모의 closed－end(10년) 형식의 PPP 펀드를 덴마크 정부가 60%, 민간부문 40%로 조성하였습니다. 민간 투자를 유인하기 위해서 민간 투자자에게 우선 수익권을 주었으며, 투자사업 결정권은 민간위원으로 구성된 독립 투자위원회에 위임하는 방식을 취했습니다. 특히 기후변화에 특화된 덴마크 기업을 참여시켜 자국의 이익을 창출하였으며 덴마크 개발협력기관이 기술지원을 위해 소규모의 증여 형태로 참여하기도 했습니다. 이 사례들은 혼합금융을 사용하여 고위험군으로 평가되는 기후변화 대응 부문에 민간자본 투자를 촉진할 수 있었다는 점에서 한국이 녹색 ODA의 효과성을 제공하는 데 참고할 수 있는 의미 있는 사례입니다.

기후변화 대응을 위한 지역별 국제 협력 양상

기후변화 대응을 위한 국제적인 협력은 주요 국가들 간의 협력뿐만 아니라 지역적인 차원에서도 매우 중요합니다. 온실가스 배출 규모로 볼 때, 중국, 미국, 인도, EU, 러시아와 같은 경제 대국들의 책임이 막중합니다. 이들이 온실가스 감축에 적극적이지 않다면 전 지구적인 노력도 힘을 발휘하기 어렵습니다. 유럽은 기후변화 대응에서 선도적인 역할을 하고 있으며, EU 회원국들은 탄소 중립 목표를 설정하고 이를 달성하기 위해 협력하고 있습니다. 유럽의 주요 이슈는 탄소 배출 감축, 재생 에너지 확대, 순환 경제 전환, 그리고 기후 적응 정책입니다. 유럽 그린 딜(European Green Deal)이 대표적인 협력 사례입니다.

그러나 다른 나라들도 지역 단위의 협력을 강화함으로써 전 지구적인 협력에 기여할 수 있어야 합니다. 기후변화 대응을 위한 국제적인 협력은 다양한 지역에서 국가 간의 협력으로 이루어질 필요가 있으며, 각 지역의 특수한 문제와 이슈를 고려한 접근이 필요하다는 생각이 듭니다. 이러한 지역 단위의 협력은 전 지구적인 기후변화 대응 노력에 크게 기여할 수 있을 것입니다. 북미나 남미, 유럽, 동북아시아, 중동, 아프리카 등 지역 단위에서 국가들 간의 협력이 어떻게 이루어져 있으며 지역별 및 주요 이슈들은 무엇인지요?

국제적인 기후변화 대응에 있어 국가 간, 지역 간 협력이 필수적입니다. 기후변화와 같은 환경오염과 관련된 문제는 본질적으로 초국경적인 특성이 있기 때문에 어느 한 국가의 노력으로만 대응할 수 있는 문제가 아니기 때문입니다. 특히 온실가스 배출이 많은 중국, 미국, 인도, EU, 러시아 등의 역할이 중요하며, 이들의 적극적인 참여 없이는 전 지구적인 노력이 효과를 발휘하기 어렵습니다. 그러나 지역 단위의 협력 또한 중요하며, 이는 전 지구적인 협력에 기여할 수 있습니다. 따라서 북미, 남미, 유럽, 동북아시아, 중동, 아프리카 등 지역 단위 협력의 주요 이슈와 협력 방안을 살펴보겠습니다.

첫째, 북미 지역에서는 미국, 캐나다, 멕시코가 협력하여 기후변화에 대응하고 있습니다. 북미 기후·청정에너지 협정(North American Climate, Clean Energy, and Environment Partnership)은 이러한 협력의 사례입니다. 또한 미국 내에서는 캘리포니아주와 같은 주정부, 캐나다의 브리티시 컬럼비아주 등도 독자적으로 기후변화 대응 정책을 펼치고 있습니다. 가장 주요 이슈가 되는 것은 미국의 정책 변화라고 할 수 있습니다. 미국의 정책이 어떻게 변화하느냐에 따라 북미 전체의 온실가스 감축목표와 전략이 영향을 받기 때문입니다. 예를 들어 미국은 교토의정서에 서명했음에도 불구하고 비준을 하지 않았는가 하면, 가입한 파리협정에서 트럼프 대통령 당시 탈퇴하는 결정을 내리기도 했습니다. 바이든 대통령은 취임 당일 파리협정에 복귀하는 행정명령에 사인했고, 인플레이션감축법(IRA: Inflation Reduction Act) 등을 통해 재생에너지 분야에의 투자와 기술 개발을 촉진하려 하였습니다.

둘째, 남미의 경우에는 남미 국가 연합(UNASUR: Unión de Naciones Suramericanas)을 통해 기후변화 대응을 위한 협력을 강화하고 있습니다. 남미 지역에서 무엇보다 이슈가 되고 있는 것은 지구의 허파라고 불리는 아마존 산림 지역의 보호와 지속가능한 개발을 위한 협력 간의 균형에 관한 부분입니다. 특히 브라질의 아마존 열대우림 파괴가 큰 문제로, 이를 막기 위한 국제적 및 지역적 노력이 요구되고 있는 가운데, 기후 변화가 농업 생산성에 미치는 영향을 최소화하기 위한 정책이 중요시 되고 있습니다. 남미 지역은 식량 안보와 기후 변화에 대한 적응을 위 해 중동 및 북아프리카(MENA: Middle East and North Africa) 지역과의 협 력을 강화하고 있습니다. 이는 농업 기술 이전 및 지속가능한 농업 생 산을 통해 이루어지고 있습니다.

셋째, EU는 기후변화 대응의 선도적인 역할을 하고 있으며, 회원 국 간의 협력을 통해 강력한 기후 정책을 추진하고 있습니다. 유럽 그 린 딜(European Green Deal)은 그 일환이며 배출권 거래제(ETS)는 EU 내 에서 시행 중인 온실가스 감축을 위한 주요 메커니즘 중 하나입니다.

넷째, 우리나라가 속한 동북아시아의 주요 국가들 역시 기후변화 대응을 위한 개별적 노력과 함께, 지역 협력을 강화하고 있습니다. 예 를 들어, 한·중·일 환경 장관회의(TEMM: Tripartite Environment Ministers Meeting among Korea, China and Japan)가 있습니다. 에너지 효율성과 재 생 에너지 기술 개발을 위한 협력도 활발히 이루어지고 있습니다. 또한 이 지역에서는 급속한 산업화와 도시화로 인한 대기 오염 문제가 큰 이 슈입니다. 이를 해결하기 위한 기술적, 정책적 협력이 필요한 상황입니 다. 2024년 5월 26−27일간 서울에서 열린 한·일·중 삼국 정상회의에 서도 이 부분에 관한 논의가 이루어졌습니다.

다섯째, 중동에서는 걸프협력회의(GCC: Gulf Cooperation Council) 국가들이 기후변화 대응을 위해 협력하고 있으며, 재생 에너지와 탈탄 소화 노력을 강화하고 있습니다. 중동 지역의 특성상 물 자원 관리와 기후변화가 중요한 이슈로 부각되고 있습니다. 또한 이 지역은 산유국이 집중되어 있기 때문에 석유 경제에서 탈피하여 재생 에너지로 전환하려는 노력이 필요합니다. 아울러 높은 기온과 가뭄 등 기후변화에 대한 적응 전략이 중요합니다. 중동·북아프리카 지역은 특히 물 부족 문제와 기후 변화로 인한 식량 안보 문제를 해결하기 위해 다양한 정책과 국제 협력이 필요한 상황입니다. 이는 지역 농업 생산의 지속가능성을 높이기 위한 노력의 일환이기도 합니다.

마지막으로 아프리카에서는 아프리카 연합(African Union)이 아프리카 대륙의 기후변화 대응을 위한 협력의 중심이 되고 있습니다. 아프리카 내 각 지역별로 기후변화 대응을 위한 협력이 이루어지고 있으며, 예를 들어 동아프리카 기후 센터가 있습니다. 특히 기후변화로 인한 농업, 물 자원, 식량 안보 문제를 해결하기 위한 적응 전략이 중요한 상황입니다. 아울러 아프리카에는 저개발 국가들이 집중되어 있기 때문에 기후변화 대응을 위한 국제적 재정 지원이 필요한 상황입니다. 특히 에너지 효율성 향상과 재생에너지 사용이 주요 이슈입니다.

이와 같이 여러 나라들이 지역별 주요 이슈와 현안을 중심으로 협력을 강화함으로써 기후변화에 대한 효과적인 대응이 가능해질 수 있습니다. 따라서 각 지역의 특성과 상황을 객관적으로 분석하고 그에 맞는 맞춤형 전략을 수립하는 과정이 요구된다고 하겠습니다.

국제협력을 통한 기후변화 대응을 위해서는 다양한 협의체, 국제기구를 통한 협력이 중요할 것입니다. 앞에서 설명한 유엔기후변화협약 체제 이 외에도 G20이나 G7은 세계 주요 경제국가들이 모여 기후변화 대응을 포 함한 글로벌 이슈를 논의하는 협의체로서의 역할을 하고 있습니다. G20 과 G7 정상회의에서 기후변화 대응을 위해 논의된 주요 사항과 정책들은 무엇이며, 이러한 협의체들이 글로벌 기후 정책에 미치는 영향은 어떠한 가요? 그리고 기후변화 대응을 위해 만들어진 국제기구인 글로벌녹색성 장연구소(GGGI)나 녹색기후기금(GCF)은 우리나라에 본부를 두고 있다고 들었습니다. 이들 협력체나 국제기구들은 기후변화 대응을 위해 어떤 활 동을 하고 있나요? 우리나라가 GGGI와 GCF와 같은 국제기구를 통해 기 후변화 대응에서 어떤 역할을 하고 있으며, 이러한 기구들을 활용한 구체 적인 기여와 성과는 무엇인가요? 또한 2012년 서울 G20 회의와 2023년 인도 뉴델리 G20 정상회의에서 기후변화 관련 한국의 기여와 발표 내용 은 무엇이었나요?

 기후변화의 영향은 전 지구적이니만큼 이에 대한 대응을 위해서는 국제 협력이 매우 중요합니다. 유엔기후변화협약(UNFCCC)을 토대로 하 는 국제기구들과 전문가들의 활동은 물론, 주요 7개국(G7)이나 주요 20 개국(G20) 정상회의 같은 다자간 국제협의체를 통한 논의도 중요합니 다. 또한 기후변화 대응에 특화된 국제기구들도 있는데, 그중 글로벌녹색성장연구소(GGGI: Global Green Growth Institute), 녹색기후기금(GCF: Green Climate Fund)은 각각 서울과 인천 송도에 본부를 두고 이 분야에서 중추적인 역할을 담당하고 있습니다.

각각의 조직들은 글로벌 기후 의제에 각자의 고유한 방식으로 기여하고 있습니다. UNFCCC는 글로벌 기후 협상을 촉진하고 파리협정의 이행을 촉구함으로써 회원국들이 감축 완화 및 적응을 위한 정책과 조치를 채택하도록 장려합니다. 또한 보다 효과적인 기후 행동을 위해 의사결정권자들의 사고방식 전환이 필요하다는 점을 강조하기도 합니다.

G7 및 G20 정상회의는 세계 경제대국들이 기후를 고려한 경제 정책을 조율할 수 있는 플랫폼을 제공하며, 기술 혁신, 기후 행동을 위한 자금 조달, 순배출 제로 달성을 위한 정책 조율에 중점을 두고 협력을 촉진할 수 있도록 돕는 플랫폼이 됩니다. 예를 들어, 2021년 이탈리아 로마에서 열린 G20 정상회의에서 회원국들은 금세기 중반까지 탄소 중립을 달성하기로 약속했으며, 배출량 감축 노력을 가속화하여 지구온난화 $1.5°C$ 목표를 달성하는 것이 중요하다는 데 동의한 바 있습니다.

한편 GGGI는 경제 성장과 환경 지속가능성을 통합하는 녹색성장 전략을 개발하고 실행하는 개도국을 지원하는 역할을 합니다. GGGI는 2012년 6월 유엔 지속가능발전 정상회의(리우＋20)에서 공식적으로 국제기구로 인정되었고 2013년 11월에 폴란드 바르샤바에서 열린 UNFCCC 제19차 당사국총회(COP19)에서는 기후변화협약 정부 간 옵서버(Observer Organization)의 지위를 부여받기도 했습니다. 한국, 덴마크, 호주, 캄보디아, 코스타리카, 에티오피아, 가이아나, 키리바시, 멕시코, 노르웨이, 인도네시아, 파라과이, 파푸아뉴기니, 필리핀, 카타르, 영국,

UAE, 베트남, 18개국이 창립회원국으로 참가하였으며, 2021년 기준으로 37개 국가와 동카리브 국가 기구(OECS: Organisation of Eastern Caribbean States)가 가입한 상황입니다. 현재 GGGI는 40개가 넘는 나라에서 기술 지원, 역량 강화 이니셔티브, 정책 자문 서비스 등을 제공하고 있습니다. 주목할 만한 프로젝트 중 하나는 개발도상국의 도시가 지속가능한 도시 계획 및 개발 관행을 채택하도록 돕는 녹색 도시 프로그램입니다. 이 프로그램은 에티오피아의 아디스아바바와 르완다의 키갈리와 같은 도시에서 시행되었으며, 탄소 배출을 줄이고 기후 복원력을 향상시키기 위해 녹색 인프라, 폐기물 관리 및 재생 에너지 프로젝트를 촉진하고 있습니다.

GCF는 기후변화 대응을 위한 글로벌 금융 메커니즘으로, 기후변화로 인한 피해를 줄이고 지속가능한 발전을 촉진하기 위해 설립되었습니다. GCF의 거버넌스 구조는 다양한 이해관계자의 참여를 보장하기 위해 설계되었습니다. 이사회(Board)는 24명으로 구성되며, 이들은 선진국과 개발도상국에서 각각 12명씩 균형 있게 선출됩니다. 이사회는 기금의 전략 방향을 설정하고, 자금 배분 및 프로젝트 승인 등의 주요 결정을 내립니다. 사무국(Secretariat)은 기금 운영의 실질적인 집행 기관으로, 프로젝트 평가, 자금 배분, 기술 지원 등을 담당합니다. 또한, 독립적 청렴기구(Independent Integrity Unit)와 독립적 평가기구(Independent Evaluation Unit) 등이 설치되어 투명성과 책임성을 강화하고 있습니다. GCF는 이러한 거버넌스 구조를 통해 기후변화 대응을 위한 효과적이고 공정한 재정 지원을 제공하고 있습니다. GCF는 개발도상국이 기후변화를 완화하고 적응할 수 있도록 재원을 제공하고, 혁신적인 영향을 미치는 프로젝트에 자금을 지원함으로써 저배출 및 기후 회복력 있는 개발로의 패러다임 전환을 촉진하고 있습니다. 이러한 프로젝트 중 하나인 르완다 북부 농촌 지역사회의 기후 회복력 강화 프로젝트는 소규모 농부들에게 기후 회복력 있는 농업 관행, 기상 정보 및 금융 서비스에 대한 접근성을 제공하여 기후 회복력을 개선하는 것을 목표로 합니다. 이 프로젝트는 기후변화의 악영향을 완화할 뿐만 아니라 취약한 지역사회의 식량 안보와 생계를 개선하는 데도 도움이 됩니다.

한국은 기후변화 완화와 적응 전략을 모두 강조하며 기후변화에 대한 정책적 접근에 있어 국제적인 협력을 적극적으로 추진하려 하고 있습니다. 2012년 서울 G20 회의에서는 G20 역사상 최초로 녹색성장을 주요 의제로 다루었습니다. 이 회의에서 G20 회원국들은 지속가능한 경제 성장을 촉진하기 위해 녹색성장의 중요성을 강조하고, 이를 위한 정책적 노력을 강화하기로 합의했습니다. 주요 내용으로는 에너지 효율성 향상, 재생 에너지 확대, 녹색 기술 개발 및 확산, 저탄소 경제로의 전환 등이 포함되었습니다. 또한, 각국은 녹색성장 전략을 통해 기후변화에 대응하고, 새로운 일자리를 창출하며, 경제 성장을 지속적으로 도모할 수 있는 방안을 모색하기로 했습니다. 이 회의는 녹색성장이 글로벌 경제의 핵심 요소로 자리 잡는 계기가 되었습니다.

2021년에는 유엔의 지속가능한 개발 목표와 파리협정의 목표를 실현하기 위해 12개 국가, 5개 기구, 240개 이상의 기업 및 시민 사회 조직이 참여하는 녹색성장과 2030 글로벌 목표를 위한 연대(P4G: Partnering for Green Growth and the Global Goals 2030)의 2차 회의가 서울에서 개최된 바 있습니다. 또한 2023년 9월 인도 뉴델리에서 열린 G20 정상회의에 참석한 윤석열 대통령은 한국이 "기후변화에 취약한 국가들을 지원하기 위한 '녹색 사다리' 역할을 하겠다"며 GCF에 3억 달러(한화 약 4천억 원)를 공여할 계획을 밝히기도 했습니다.

한국이 UNFCCC 관련 국제회의나 기타 포럼 및 콘퍼런스 등을 개최하는 것은 지식 교류와 역량 강화를 촉진하여 글로벌 협력을 강화하려는 한국의 의지를 보여줄 수 있는 계기가 됩니다. 또한 GGGI와 GCF에서의 리더십을 활용해 글로벌 기후 공약의 강화를 지지하고 성공적인 녹색 성장 전략과 혁신적인 금융 모델을 촉진함으로써 개발도상국에 대한 지원을 강화하는 것은 글로벌 사우스와의 외교적 유대를 강화하는 것은 물론 한국의 기후변화 대응 리더십을 강화하는 데 일조할 수 있을 것입니다.

결론적으로 한국은 주요 국제기구에 대한 참여를 활용하여 글로벌 기후 정책에 큰 영향을 미치고 리더십을 발휘할 수 있는 잠재력을 가지고 있습니다. 재정 지원, 기술 혁신, 교육 분야의 이니셔티브는 한국이 영향력 있는 기여를 할 수 있는 중요한 분야입니다. 이러한 노력을 통해 자국의 경제 및 환경 회복력을 강화하는 동시에 지속가능한 저탄소 미래로의 글로벌 전환을 촉진하는 데 기여해야 하겠습니다.

기후위기가 초래하는 부정적 파급효과에 적극적으로 대응하기 위해서는 지리적으로 접하고 있는 북한도 고려할 필요가 있습니다. 북한은 재해성 이상 기후 현상으로 예측불가하고 강도 높은 홍수나 가뭄 등이 발생하여 큰 피해를 받고 있는 것으로 알려져 있습니다. 북한의 기후변화 대응 취약성은 접경지에서 살고 있는 우리나라에도 부정적 파급력을 미칠 수 있습니다. 이러한 측면에서 북한은 어떻게 기후변화에 대응해 오고 있는지 궁금합니다. 또한 향후 남북협력이 추진될 수 있는 환경이 조성된다면, 이제는 한반도 탄소중립을 주요한 의제로 두고 추진될 필요가 있을 것 같습니다. 과거 남북 그린데탕트에 대한 논의도 활발하게 이뤄진 적이 있습니다만, 신기후체제인 파리협정하에서 공동의 기후변화 대응을 추진할 수 있는 협력 방안이 있다면 알려주세요.

　　북한도 파리협정 당사국으로 기후변화 대응을 위한 자체적인 노력을 이행해 나가고 있습니다. 우선, 기후변화 관련 국제협의체에 적극 참여하며 국제사회에서 정상국가로서의 면모를 강조하고 있습니다. 북한은 1994년 12월 유엔기후변화협약(UNFCCC)에 가입한 당사국으로 교토의정서(1994년)와 파리협약(2005년)을 비준하였습니다. 또한 UNFCCC와 함께 3대 환경협력조약이라고 불리는 생물다양성협약(Convention on Biological Diversity, 1994년) 및 유엔사막화방지협약(United Nations Convention to Combat Desertification 2004년)에 가입하였으며, 이외 주요

환경협약 및 의정서에도 비준하였습니다.

UNFCCC 당사국으로서 북한은 NDC를 수립하며 책임감 있는 국제사회의 일원임을 강조하기도 합니다. 2016년 제출한 INDC(Intended Nationally Determined Contribution of Democratic People's Republic of Korea)에서는 BAU 대비 2030년까지 총 8%(약 1,500만 톤)를 감축하고 국제사회지원 시 추가 32.25%(약 6,054만 톤)를 감축한다는 계획을 세웠습니다. 2019년 NDC는 기존 INDC 목표를 상향 조정한 BAU 대비 2030년 16.4%(약 3,580만 톤) 감축 및 국제사회 지원 시 36% 추가 감축목표를 수립하였습니다. 2021년에는 자발적국가검토보고서(Voluntary National Review, VNR)를 통해 BAU 대비 2030년 15.63%(약 36,000만 톤) 감축 및 국제사회 지원 시 총 50.34%(157,000만 톤) 감축 가능함을 밝혔습니다. NDC 목표 수립에 있어 북한은 국제사회 지원 시라는 조건부 감축목표를 밝히고 있는데 이는 자국의 기후변화 대응을 위해 국제사회의 지원이 필요함을 강조하기 위함입니다.

특히 김정은 정권은 선대정권보다 기후변화 대응에 더욱 적극적인 행보를 보이고 있습니다. 제도적 측면에서 기후변화 대응 관련 법을 강화하고 있는데 관련 법이 약 35개 정도이며 이 중 김정은 집권 이후 채택되거나 수정·보충된 법이 18개로 파악됩니다. 제정된 주요 법은 '재생에네르기법', '국가재자원화법', '보통강오염방지법' 등으로 환경보호를 위한 재생에너지 사용 확대, 오폐수 관리 등에 관한 내용을 담고 있습니다. 또한 NDC 달성을 위해 국가전략 및 계획인 「2019−2030 국가재해위험감소전략」, 「2019−2030 국가환경보호전략」, 「2013−2042 산림건설총계획」을 수립하여 재해 예방과 재해 대응 및 회복력 제고와 녹색경제로 이행 그리고 산림생태 복원과 지속가능한 이용을 목표로 전력을 다하고 있음을 강조하고 있습니다. 기후변화 대응을 담당하는 북한의 중추 기관은 국토환경보호성이며 국가계획위원회, 전력석탄공업성, 농업성, 중앙통계국, 수력기상청, 국립과학원 등이 있습니다. 이 기관들을 중심으로 국가환경조정위원회(National Coordinating Committee for Environment, NCCE)가 구성되어 있는 것으로 추정됩니다. NCCE는 비상설기구로 1994년에 국가의 기후변화 대응을 위한 활동을 조정하기 위해 수립되어 기후변화 대응을 위한 국제협력을 담당하는 창구 역할을 수행하고 있습니다.

북한은 기후변화 대응을 명분으로 국제사회에서 정상국가로 면모를 강조함과 동시에 국제협력을 요청해오고 있습니다. 하지만 2016년 이후 강화된 유엔 안보리 제재로 인하여 대북협력이 원활하게 추진되지 못하여 국제사회의 지원이 원활하게 이루어지지 못하는 실정입니다. 예컨대, 북한은 2019년 녹색기후기금(Green Climate Fund, GCF)의 능력배양사업(Readiness Program)을 신청하여 GCF의 승인을 받았지만 유엔 대북제재위원회의 면제 승인을 받지 못하여 사업이 추진되지 못했습니다.

국제사회와 관계 경색 국면에서도 북한이 외부의 지원을 지속적으로 강조하는 이유는 북한 자체적으로 기후변화에 대응할 수 있는 재정적·기술적 역량이 부족하기 때문입니다. 과거 추진된 남북 환경협력은 비정치적·비군사적인 생태·환경분야에서의 교류협력을 통해 한반도 긴장을 완화하고 통일기반을 조성하는 데 활용되는 경향이 있었습니다. 따라서 대부분의 환경협력은 단기프로젝트의 소규모로 진행되었으며 협력 사례로는 양묘장 조성, 묘목지원 등이 있었습니다. 연성 이슈를 다룬다는 점에서 환경협력의 기능적 측면에 거는 기대가 있었지만 남북관계의 부침에서 자유롭지 못했으며, 특히 환경협력을 통해 얻을 수 있는 이익이 양국 모두에게 크지 않았다는 지적도 있었습니다.

따라서 향후에 추진될 남북협력은 한반도 기후변화 대응의 관점에서 양측의 이익에 부합하는 방식으로 설계될 필요가 있습니다. 파리협정이라는 신기후체제의 등장으로 남북협력은 NDC 달성이라는 공동의 목표를 달성하기 위해 전략적으로 활용할 수 있을 것입니다. 한국은 탄소배출 대국으로 NDC 이행에 있어 국제사회의 압박을 강하게 받고 있지만 국내 여건상 내부 노력만으로는 NDC 달성이 어려워 국외감축목표를 따로 설정하고 파리협정 제6조를 활용할 계획을 밝혔습니다. 파리협정 제6조는 NDC를 달성할 수 있는 하나의 방법으로 국가 간 환경협력을 이행한 후 발생한 탄소감축량을 이전할 수 있도록 명시하고 있는 조항입니다. 파리협정 제6조 하 NDC 달성에 효과적인 남북협력으로 산림협력인 국외산림탄소배출감축사업(REDD$^+$)이 있습니다. REDD$^+$는 개도국의 산림전용뿐 아니라 산림황폐화 방지, 산림보전과 지속가능한 산림경영 및 산림탄소축적 증진을 통해 산림에서의 온실가스 배출을 줄이고 흡수를 늘리는 활동을 의미합니다. 남북 REDD$^+$ 사업을 통해 예측되는 최대 감축잠재량은 161.5백만tCO_2으로, 이 중 50%를 이전한다고 상정했을 때 약 80,8백만tCO_2 감축실적을 한국 NDC 목표에 사용할 수 있을 것으로 분석되었습니다. 이는 한국 NDC 전체 목표의 27.8%에 달하는 수치라는 점에서 NDC 달성에 상당 수준 기여할 수 있을 것으로 전망됩니다.

최근 미중 전략경쟁, 우크라이나 침공, 가자사태 등 지정학적 요인이 기후변화 대응에 중요한 변수로 등장하고 있습니다. 기후변화 대응에 필요한 재생에너지 관련 기술, 자원, 제품 공급이 중국에 집중하면서 미국과 유럽 등 주요 국가들은 에너지 안보 차원에서 과도한 중국 의존을 경계하고 있습니다. 러시아의 우크라이나 침공으로 인한 대러 제재는 러시아의 석유와 가스 공급이 줄어들거나 금지됨으로써 유럽의 전기가격이 급격히 상승하여 유럽경제에 타격이 크고 석탄발전을 다시 도입하는 상황을 초래하고 있습니다. 가자사태 발생은 석유 가격의 급등으로 개도국을 중심으로 어려움을 겪는 것도 같은 맥락에서 탄소중립 에너지 전환 국면에서 발생할 에너지 가격의 급등이 초래한 경제적 혼란입니다. 향후 포스트 탈냉전시대 국제질서의 혼돈으로 인한 지정학적 불안정성이 기후변화 문제에 관한 국제사회의 대응에 어떤 영향을 미칠지 궁금합니다. 기후변화 문제에 관한 대응의 시급성에 비추어 지정학적 요인으로 인한 부정적 효과를 최소화하기 위한 다양한 노력이 필요할 것으로 봅니다만, 어떤 방향으로 추진되어야 할지 말씀해 주시기 바랍니다.

2020년대는 미국이 유일초강대국으로 자유주의 국제질서를 유지하여 오던 탈냉전 시대가 끝나고 혼돈의 포스트 탈냉전 시대에 접어들었습니다. 빠른 경제개발로 급속히 강대국으로 부상한 중국이 대안질서를 모색하는 수정주의 세력이 되면서 미중 경쟁과 대립이 깊어지고 있습니다. 한편 유엔 안보리 상임이사국으로 가장 많은 핵무기를 보유한 러시아도 구소련제국의 부활을 꿈꾸면서 인접국 우크라이나를 불법 침공하였습니다. 그러나 의도와 달리 장기소모전으로 변모하면서 국제질서를 크게 흔들고 있습니다. 이런 가운데 지정학이 귀환하고 지정학적 단층대를 따라 무력충돌의 위험이 높아지고 있습니다.

작년 말 가자지구의 하마스가 이스라엘을 기습 공격함으로써 발생한 가자전투도 이란과 그 대리세력 간의 충돌로 확대되어 중동정세를 불안하게 하고 있습니다. 확전 시 이란의 호르무즈 해협 봉쇄 가능성도 있기 때문에 유가 앙등을 가져왔습니다. 특히 홍해에 면한 예멘의 후티 반군이 이란의 지원을 업고 수에즈 운하로 가는 해로에서 선박에 대한 미사일·드론 공격을 하고 있습니다. 이에 따라 수에즈를 경유하는 해상운송의 90%가 남아프리카의 희망봉을 돌아가고 있습니다. 평상시보다 9-14일 더 걸리게 되면서 해상운임·보험료 상승으로 이어져 공급망 불안을 야기하고 있습니다.

국제사회는 기후변화를 억제하기 위한 방안으로 녹색 에너지로의 전환을 꾀하고 있습니다. 온실가스를 줄이기 위한 탄소제로를 달성하려면 탄소에너지인 석탄·석유·가스에서 재생에너지와 원자력으로 기존 탄소에너지 중심의 패러다임을 바꾸어야 합니다. 파리협정이 설정한 섭씨 1.5도 상승의 억제 목표를 달성하려면 주요 배출국들이 탄소제로 공약을 지켜야 하며 녹색에너지로의 전환을 서둘러야 합니다. 에너지 전환은 각국 경제의 활력에 중대한 영향을 준다는 점에서, 지정학적 함의가 매우 큽니다. 최근 유럽경제의 핵인 독일 경제가 선진국 가운데 가장 큰 어려움을 겪고 있습니다. 그 이유 가운데 하나는 우크라이나 침공에 대한 러시아 제재로 주요 에너지원이던 러시아산 석유·가스의 수입이 제한되어 에너지 비용이 크게 상승한 탓입니다. 그리고 미국이 중동을 3대 전략지역으로 삼아 개입해 온 것은 중동의 석유·가스 자원 때문이었는데, 미국 내에서 쉐일 가스와 석유 개발로 석유 수입국에서 수출국으로 바뀌고 녹색에너지 전환을 추구함에 따라 중동의 지정학적 중요성이 떨어져 중동에서 미군 존재를 줄이는 방향으로 움직이고 있습니다.

각국은 온실가스 감축목표를 이루기 위해 신에너지·재생에너지·원자력 등 무탄소 에너지(carbon-free energy)로의 전환을 서두르고 있습니다. 그러나 에너지전환은 막대한 투자가 필요하고 많은 시간이 걸립니다. 무탄소 에너지원은 대체로 기존의 탄소 에너지원보다 가격이 비싸다는 점에서, 개발도상국의 경우 상당한 경제적 부담이 됩니다. 또한 안정적인 에너지 공급은 경제 활력을 유지하는 데 필수 불가결하고 충분한 공급을 확보해야 한다는 점에서 안보적 함의가 있습니다. 국제사회는 지구비등 상태에 이르고 있는 현상을 억제하기 위한 노력을 배가하면서, 녹색에너지 전환에 따른 세계경제에의 영향을 최소화해야 하는 어려운 상황에 놓여 있습니다.

기후변화에 따른 녹색에너지 전환과 지정학적 함의는 크게 세 가지가 있습니다. 첫째, 가장 큰 함의는 미중 경쟁에 미치는 영향입니다. 미중 전략경쟁에서 미국이 유리한 요소 가운데 하나는 에너지 수출국과 수입국의 차이였는데, 중국이 대외의존도가 높지 않은 신재생에너지와 원자력으로 녹색전환을 적극 꾀하면서 장기적으로 중국의 부담이 줄어들 것으로 예상됩니다. 아프리카, 중남미까지 의존하던 탄소에너지 수급 부담이 줄어들고, 유럽으로 가던 러시아 석유와 가스를 수입하면서 에너지 수송을 위한 해로의 안전 확보 압력이 완화될 여지가 생겨날

겁니다.

둘째, 신재생에너지와 원자력 모두 미중 전략경쟁 속에서 공급망의 편중이라는 문제를 안고 있습니다. 일찍 녹색에너지 산업의 전망에 눈을 뜬 중국은 2022년 녹색기술관련 세계 제조업 투자의 85%를 차지하였습니다. 태양광패널의 경우 막대한 국내시장을 기반으로 규모의 경제를 통해 2022년 세계시장 점유율이 80%에 달할 만큼 완전 석권하고 있습니다. 한국시장도 중국제품의 저가 공세에 한국의 상당수 태양광패널 제조업체들이 문을 닫았습니다. 풍력의 경우에도 가격 경쟁 면에서의 유리한 점을 활용하여 세계 공급망에서 우위를 점하고 있습니다. 미국은 중국에 대한 과도한 의존이 초래할 위험성을 감안하여 중국산에 대한 관세 부과, 보조금 지급 단절 등의 조치를 취하고 있습니다.

이와 함께 지정학적 차원에서 문제되는 것은 녹색에너지 산업의 선행 단계인 화학, 철강, 2차 전지, 전자 산업 등에서도 중국이 세계 1위의 제조업을 기반으로 압도적 우위를 차지하고 있다는 사실입니다. 그리고 국제에너지기구(IEA)에 의하면 녹색에너지 산업에 필요한 리튬, 코발트, 니켈, 구리, 흑연 등 다양한 희귀금속도 수요가 급증하고 있으며, 향후 6년 내에 2배로 늘어날 전망입니다. 녹색에너지와 직접 관련된 리튬 외에는 모두 다른 산업 수요도 있어서 안정적 공급망의 확보가 중요합니다. 이런 광물의 주요 공급처가 국가적 지원과 환경 기준이 덜 엄격한 중국이라는 사실도 지정학적으로 관심대상입니다. 늘어나는 수요를 충족할 생산량 증가를 위해서는 약 5,900억 불이라는 막대한 투자가 필요할 것으로 예상됩니다. 민간 기업에 주로 의존하는 민주국가들은 막대한 투자비용에 비해 불투명한 가격 전망으로 금융지원이 쉽지 않아 공급탄력성을 충족하는 데 상당한 어려움이 있습니다.

셋째, 녹색에너지 전환과 관련 자동차가 내연기관에서 전기자동차로 바뀌는 것도 지정학적으로 큰 함의를 가집니다. 자동차 산업은 미국, 일본, 독일, 프랑스, 이태리 등 선진국 경제의 핵심을 차지하는 산업으로 고용문제와도 밀접히 연관되어 있습니다. 기후변화 대응을 위한 전기차 전환은 전후방 연관 산업을 포함하여 내연기관 자동차를 주로 생산하던 선진국의 자동차 산업에 상당한 충격을 주고 있습니다. 전기자동차 부품개수는 내연자동차 부품의 절반 정도이고 서로 다르기 때문에 큰 규모의 산업전환이 이루어져야 합니다. 그런데 중국이 전기차부문에서 방대한 시장과 저렴한 가격을 무기로 경쟁력을 확보하면서 미국과 유럽시장을 공략하여 경제안보 차원의 문제로 비화하고 있습니다. 바이든 정부가 자국 자동차 산업 보호를 위해 중국산 전기차에 대해 높은 관세를 부과한 데 이어, 유럽에서도 이미 조치를 취한 프랑스를 포함하여 저가 공세를 하고 있는 중국 전기차에 대한 규제를 강구하고 있습니다.

그밖에도 에너지 전환은 에너지 자체가 국가 경제와 안보의 중요한 요소라는 점에서 다양한 지정학적 함의가 있고 포스트 탈냉전 시대의 초연결성으로 인하여 복합대전환의 맥락에서도 기후변화는 국제정치에 큰 영향을 미치게 될 것입니다. 예컨대 기후변화로 물 부족 사태가 일어나면서 식량 생산에 차질이 발생하고 곧바로 식량안보 문제를 야기하여 물과 식량을 둘러싼 분쟁으로 발전하게 됩니다. 현재 아프리카에서 발생하고 있는 상당수의 무력충돌의 근원을 살펴보면 그 뒤에 기후변화가 자리 잡고 있다는 사실을 알게 됩니다. 또 다른 예는 기후난민 문제입니다. 기후변화로 인한 경제여건의 붕괴가 대량난민을 발생시키면서 국제안보에 큰 위협요인이 되기 때문입니다. 해수면 상승으로

인한 도서국가의 난민, 가뭄으로 인한 난민, 대형홍수로 인한 난민 등
은 미국과 유럽이 골치를 앓고 있는 이민문제와도 결부되어 지정학적
변수로 발전하게 됩니다. 이렇듯이 기후변화는 단순히 경제사회적 측면
을 넘어 다양한 안보적 함의를 가진다는 점에서 기후안보 차원에서도
다루어야 합니다.

기후 통상장벽의 등장과 그 여파

글로벌 어젠다인 기후변화 대응을 위해서는 국제사회의 다양한 이해관계자가 참여하는 보편적 성격의 다자체제를 활용하는 것이 가장 바람직할 것으로 생각됩니다. 그러나 최근 들어서 EU의 탄소국경조정제도(CBAM: Carbon Boarder Adjustment Mechanism), 미국의 인플레이션감축법(IRA: Inflation Reduction Act) 등 선진국들이 기존 자유무역질서에 반하고 다자중심의 기후변화 대응에 도전이 될 수 있는 통상 정책을 펼치고 있습니다. 이러한 현상은 선진국에서만 보이는 것은 아닙니다. 인도의 경우에는 자국 내 태양광 산업의 발전을 촉진하기 위해서 자국 내 태양광 제품 수입을 금지하는 통상장벽을 사용하고 있다고 합니다. 이러한 기후 통상장벽을 좀 더 자세히 알고 싶습니다. 기후 통상장벽이 지구사회의 기후변화 대응 노력에 장애가 되지 않도록 하려면 어떻게 해야 할까요?

기후변화에 인류가 효과적으로 대응하려면 보편적이면서도 다자적이며 다양한 이해관계자가 참여할 수 있는 글로벌 거버넌스 체제를 효과적으로 운영할 필요가 있습니다. 그러나 최근 선진국들은 자유무역질서 및 다자간 기후변화 대응과 상충되는 무역 정책을 펼치고 있습니다. 예를 들어 EU의 탄소 국경 조정 메커니즘(CBAM)과 미국의 IRA가 그렇습니다. 또한 '포스트 차이나(Post – China)'로 불리며 제조업에 있어 잠재력이 크다고 여겨지는 인도에서는 자국 태양광 산업을 활성화하기 위해 태양광 제품 수입을 제한하는 등 국내 산업을 보호하고 육성하기 위한 무역 정책을 펼치고 있습니다.

EU가 제안한 CBAM은 기후 정책이 덜 엄격한 국가로부터의 수입품에 탄소세를 부과하는 것을 목표로 합니다. 이 메커니즘은 기업이 환경 규제가 느슨한 국가로 생산을 이전하여 글로벌 기후 노력을 약화시킬 수 있는 이른바 '탄소 누출(Carbon Leakage)'을 방지하기 위해 고안되었습니다. 엄격한 탄소 규제를 준수하는 EU 산업에 공평한 경쟁의 장을 마련하기 위한 것이지만, 세계 자유 무역과 다자간 기후 협력에는 도전이 될 수 있습니다.

2022년 8월에 법으로 서명된 IRA에는 청정에너지와 기후 회복력에 대한 상당한 투자가 포함되어 있습니다. 전기자동차, 배터리, 재생에너지 관련 부품의 미국 국내 생산을 장려하는 인센티브와 보조금 등에 관한 내용이 담겨 있는 것입니다. 이로 인해 미국과의 무역 파트너 국가들 사이에서 보호무역주의와 세계무역기구(WTO)규정 위반 가능성에 대한 우려가 제기되고 있습니다.

인도는 국내 태양광 제조 산업의 성장을 장려하기 위해 수입 태양광 셀에 관세를 부과하는 등의 무역 장벽을 시행하고 있습니다. 인도가 태양광 셀을 최대로 수입했던 국가는 중국이었으며, 10년간 중국의 점유율은 평균 81%이었습니다. 그런데 수입액 관점에서 보면 2022년에는 2021년 대비 전체 수입액이 32.9% 감소했습니다. 이는 인도 정부가 2022년 4월부터 태양광 모듈에 40%, 셀에 25%의 관세를 부과한 영향일 수 있다는 분석이 제기됩니다. 인도 정부가 중국산 태양광 모듈과 셀 수입을 억제하고 인도산 장비로 재생에너지 발전을 확충하기 위해 관세를 부과한 것인데, 이는 현지 산업을 육성하려는 의도이지만 태양광 제품의 무역을 제한하여 재생에너지로의 에너지 전환을 늦출 우려도 있습니다.

이렇듯 주요국이 자국의 기후기술과 관련 산업을 보호 및 육성하기 위해 무역 장벽을 활용하다 보면 글로벌 차원에서의 기후변화 대응을 위한 노력을 오히려 저해할 수 있습니다. 따라서 이런 부작용을 방지하기 위해 몇 가지 전략을 사용할 수 있습니다. 원론적으로는 유엔기후변화협약과 같은 다자간 협의체를 더욱 강화함으로써 기후 정책이 전 세계적으로 조율되도록 할 수 있습니다. 이러한 플랫폼을 통해 협력을 강화하면 한 지역에 치우치지 않는 보다 균형 있고 공평한 기후 정책을 수립할 수 있을 것입니다.

또한 다자간 협정을 통해 일방적인 조치에 의존하지 않고 탄소누출과 경쟁력에 대한 우려를 해결하기 위한 메커니즘을 통합하고 대중적 지지를 확보할 수도 있을 것입니다. 파리협정에서처럼 개별 공약을 협상하거나 교토의정서에서 시도한 것처럼 각 당사국의 특정 상황에 맞게 복잡한 공동 공약을 협상하는 것보다 통일된 공동 공약을 협상하는 것이 보호주의에 대한 인식을 완화하고 보다 협력적인 국제 관계를 촉진할 수 있다는 지적도 있습니다. 따라서 탄소 가격 책정에 대한 국제 표준을 수립하면 전 세계적으로 탄소 비용을 조화롭게 조정하여 CBAM과 같은 일방적인 조치의 필요성을 줄일 수 있을 것입니다.

한국은 세계에서도 손에 꼽히는 무역 대국이자, 제조업 강국입니다. 일부 국가들의 보호무역주의적인 행태는 한국 같은 나라에게는 매우 심각한 도전이 되고 있습니다. 따라서 한국은 다자간 기후 이니셔티브에 대한 지지와 참여를 통해 이러한 일방적 조치의 영향을 완화하는

데 중요한 역할을 해야 할 것입니다. 예를 들어, 한국에 본부를 두고 있는 GCF에 대한 재정 기여를 강화하고 기술 이전을 촉진함으로써 개발도상국이 보호주의 조치에 의존하지 않고 효과적인 기후 전략을 실행하는 데 필요한 재원을 확보할 수 있도록 지원할 수 있습니다.

또한, 한국은 GGGI에서의 리더십을 통해 경제 성장과 환경적 지속가능성을 연계하는 지속가능한 개발 관행을 촉진할 수도 있습니다. 한국은 녹색 기술과 지속가능한 도시 계획에 대한 전문 지식을 공유함으로써 다른 국가들이 경제 발전을 촉진하고 탄소 배출을 줄이는 정책을 개발하는 데 도움을 줄 수 있습니다. 이러한 접근 방식은 일방적인 무역 장벽에 대한 인식을 줄이고 기후 변화에 대응하기 위한 글로벌 차원의 협력적 노력을 촉진할 수 있을 것입니다.

EU의 CBAM과 미국의 IRA와 같은 일방적인 기후 무역 조치는 자유무역 및 다자간 행동의 원칙과 상충되어 글로벌 기후 협력에 도전이 되고 있습니다. 이러한 도전을 해결하기 위해서는 다자간 협상을 강화하고, 투명하고 포용적인 정책 결정을 촉진하며, 국제 탄소 가격 기준을 개발하고, 협력적인 무역 정책을 시행하고, 개발도상국을 지원하는 것이 꼭 필요합니다. 이러한 전략은 보호주의 조치로 인해 글로벌 기후 노력이 방해받지 않도록 하여 기후 변화에 대응하기 위한 보다 협력적이고 효과적인 접근 방식을 촉진하는 데 도움이 될 수 있을 것입니다.

에필로그 EPILOGUE
신 기후에너지 산업혁명으로 국제사회를 이끄는 기후 모범국가 대한민국

기후변화는 글로벌 어젠다입니다. 한 국가만의 노력만으로는 기후 위기를 벗어날 수 없습니다. 기후변화는 글로벌 공공재이기 때문입니다. 모든 국가가 힘을 합쳐서 서로 협력하여야 합니다. 우크라이나 사태, 이스라엘 하마스 전쟁, 미중 간의 경쟁 등 국가 간의 경쟁과 반목을 부추기는 지정학적 요인들이 지구사회를 휩쓸고 있다고 하더라도, 기후 위기 대응을 위한 글로벌 차원의 노력은 더 강하게 계속되어야 합니다. 대한민국은 국제사회를 무대로 치열한 시장개척 경쟁을 이기고 선진국의 무대에 우뚝 선 국가입니다. 국제통상 국가에 걸맞은 역할을 통해서 기후위기 대응 과정에서 새로운 기회를 만들어내야 합니다.

기후변화는 이제 우리 바로 옆에서 생존을 위협하고 있습니다. 지구는 이제 펄펄 끓고 있습니다. 연일 계속되는 폭염과 폭우는 불편함이 아니라 이제는 무섭기까지 합니다. 지구 곳곳에서 인간의 생명이 위협받고, 기후재난으로 재산이 파괴되고 있습니다. 지구 평균 온도가 산업혁명 이후 불과 1.1도 올랐는데, 이렇게 심각한 이상 기후 현상을 보이고 있습니다. 빨리 지구 온도 상승을 막아야 합니다. 온도 상승은 인간의 경제활동의 결과 배출되는 이산화탄소 등 온실가스 때문입니다. 우리나라도 여름만 되면 극한 더위와 호우에 시달리고 있습니다. 이제 기후는 변화를 넘어 위기로 악화되면서 그 가공할 파괴력을 드러내고 있습니다.

현대 문명은 기계와 화석연료 기반의 에너지가 결합하여 이뤄진 문명입니다. 산업혁명은 인류에게 일찍이 누리지 못한 풍요를 가져왔습니다. 그러나 산업혁명의 근저를 이뤘던 에너지 혁명은 인류의 생존 환경인 대기에 온실가스를 누적해 왔습니다. 지구에서 우리 인류가 생존 가능한 온도 폭은 천문학적인 냉온의 우주 온도 폭을 고려하면 한 눈금도 안 됩니다. 인류가 지구상에 생존한다는 자체가 기적과 같은 일입니다. 우리가 쏟아내고 있는 이산화탄소는 우리의 생존을 가능하게 하는 좁디좁은 생존 가능한 온도의 범위를 치명적으로 이탈할 위험을 증대시키고 있습니다. 더욱 불확실성에 빠뜨리는 사실은 이러한 가파른 온도의 상승 속에 과연 인류가 생존 가능한 온도의 상한, 즉 임계점(critical point)을 모른다는 점입니다. 어쩌면 우리는 그 임계점을 알지 못한 채 치명적인 수준을 넘어서게 될지도 모릅니다. 이러한 불확실성은 한편으로는 위기감을 고취하기도 하지만 또 한편으로는 당장 막대한 손해를 보면서 비용을 치르는 희생과 불편을 겪어야 하느냐 하는 안일한 생각을 가져오는 원인이기도 합니다. 지금 우리가 지구 곳곳에서 수시로 겪고 있는 자연 대재앙의 장면들은 우리에게 여유의 폭이 거의 남아있지 않았을 가능성을 강력하게 암시합니다. 당장 오늘의 대전환이 없이는 내일의 지속가능한 인류의 삶을 기약하기 어렵다는 위기의식의 공유가 절실합니다.

기후위기 대응의 핵심은 패러다임의 전환(Paradigm Shift)입니다. 새로운 기후산업을 일으키고, 삶의 대 전환을 통해서 기후위기 대응의 새로운 전기를 마련하고, 이를 바탕으로 지구사회를 이끌기 위해서 다음과 같은 목표하에서 연구하고 대안을 제시하려고 합니다.

첫째, 그린 에너지 신산업을 이끌겠습니다. 온실가스 배출을 줄일 수 있는 가장 좋은 방법은 탈탄소화된 전력 생산을 통한 우리 생활을 전기화하는 것입니다. 탈석탄 전력 생산을 하면서 우리 산업의 국제경쟁력인 품질 좋고 저렴한 전력 공급이 계속되도록 해야 합니다. 국토 면적이 넓지 않고, 뜨거운 태양이나 강한 바람이 많지 않은 우리나라입니다. 따라서 풍력, 태양광과 같은 재생에너지 사용도 중요하지만, 원자력도 포기할 수 없는 에너지원인 것입니다. 물론 원자력 사용과 관련해서는 방폐장의 문제, 소형 원자로의 상용화를 포함하여 우리사회에서 민감한 문제들을 사회 통합차원에서 해결할 수 있는 방안도 모색해야 합니다. 석탄 사용 중지는 피할 수 없는 목표이지만 그 과정에 이르는 동안 석탄의 사용은 피할 수 없습니다. 이 때문에 탄소 포집 활용 및 저장(CCUS)과 같은 기술도 최대한 활용하여 전기료의 급격한 상승을 포함한 사회적 비용 부담을 최소화할 수 있는 방안도 모색해야 합니다. 물론 중장기적 목표가 되겠지만 수소의 활용도 사회적 비용을 가중시키지 않는 방안을 찾아가면서 계속해서 추진하여야 합니다. 그린 전력 에너지 신산업을 통해서 깨끗하고 경쟁력이 있는 우리 사회를 만들겠습니다.

둘째, 산업 경쟁력을 만들기 위해서 산업구조를 기후 친화적으로 전환하고, 생산 공정도 혁신할 것입니다. 우리나라의 온실가스의 상당 부분을 배출하는 철강, 화학, 자동차, 반도체, 시멘트 등 우리 산업의 핵심 부분이자 세계시장 개척의 선도 부분의 탈탄소화를 주도할 것입니다. 혁신적인 기후기술과 경영기법을 도입하고, 기술 상용화를 위한 국내외 표준을 만들어서 적극 추진하겠습니다. RE100과 같이 민간 차원에서 자발적으로 개발한 기후표준으로 인해서 우리 수출 기업이 국제사회에서 경쟁력을 잃지 않도록 할 수 있는 방안을 모색하겠습니다. 무탄소(CF) 연합 추진을 더욱 힘 있게 해서 재생에너지는 물론 원자력 등 다른 무탄소 에너지원을 적극적으로 활용할 수 있도록 해야 합니다. 유럽의 탄소국경조정제도나 미국이 주도하는 글로벌 지속가능 철강협정 등이 우리에게 불리한 표준의 설정으로 인해서 우리 수출기업의 경쟁력이 상실되는 일이 없도록 해야 할 것입니다.

셋째, 혁신 기후기술을 활용한 새로운 자동차, 선박, 항공기 시장을 선도하겠습니다. 탈 탄소전력망 구축을 전제로 한 전기자동차의 개발, 무탄소 선박기술의 상용화, 항공기 소재, 엔진 등의 획기적인 배출 개선 등을 통해서 전 세계 고부가가치 시장을 선점할 수 있도록 하겠습니다. 또한 에너지 효율을 획기적으로 개선하고 탄소배출이 없이 쾌적함은 물론 건축 유지비용이 저렴한 획기적인 기술 개발 및 사용으로 획기적으로 새로운 건축, 리모델링 시장의 붐을 일으키도록 하겠습니다.

넷째, 기후 신산업을 활성화시킬 수 있는 획기적인 금융제도를 도입하고 새로운 금융시장을 활성화하겠습니다. 신기후산업의 활성화는 시장에서 금융의 흐름을 신기술 투자에 집중되도록 할 때만이 가능합니다. 다양한 정책금융, 민간금융 수단을 활용하고, 기업 공시기준을 잘 손보는 것 등이 당장 추진해야 할 문제들입니다. 우리나라의 배출권 거래제도와 목표관리제도가 기업에 대한 규제가 아닌 새로운 신기술 투자를 활성화할 수 있도록 개선할 것입니다. 탄소세의 도입을 검토하여 신기술 투자에 활용할 수 있는 재원을 마련할 수 있도록 할 것입니다. 국제사회에서 논의되는 탄소가격(Carbon Pricing) 논의에 적극 참여하여 국제사회의 기후금융 신 시장 형성 과정에 적극 참여하겠습니다.

다섯째, 우리나라의 성장은 끊임없는 기술 연구·개발의 결과입니다. 우리가 글로벌 기후 신산업을 선도할 수 있는가는 얼마나 기후변화 대응에 필요한 과학기술과 제도와 정책 연구·개발에 국가와 기업이 적극적인 투자를 하는가에 달려있습니다. 이런 점에서 기후기술 연구·개발 허브를 구축하여야 합니다. 에너지, 제조, 교통, 건축은 물론 농수산업, 식품, 산림 등 우리 생활 전반에 걸친 모든 기술의 탈탄소화와 효율성 증대를 위한 다층 포괄적 기후 기술 연구·개발이 필요합니다. 물론 연구·개발을 활성화하기 위한 대학교, 연구소 등 연구기관에서 연구·개발 전문인력 양성도 빼놓을 수 없는 중요한 과제입니다.

여섯째, 국민 개개인의 삶 속에서 기후변화 대응에 연대하는 지속적이고 강력한 실천이 필요합니다. 시민이 스스로 앞장서서 실천하는 실천 의제와 참여 분위기를 조성해 나가는 것이 중요합니다. 미래 세대가 스스로 목소리를 낼 수 있도록 해야 합니다. 개개인의 삶에 직접 영향을 주는 기후변화의 대응을 위해서는 기후위기에 개개인의 참여와 실천이 가장 중요하기 때문입니다. 참여와 실천의 전제는 초·중·고 정규 교육과 시민교육의 활성화라는 점도 잊지 말고 추진할 것입니다.

일곱째, 패러다임의 전환 과정에서 뒤처지는 산업, 지역, 노동자들이 발생하지 않도록 해야 합니다. 도태되는 산업은 기후 신산업으로 다시 태어나고, 화석연료로 물들여진 지역은 탈탄소화 청정사회를 구축하기 위한 연구와 교육 그리고 산업의 중심지로 탈바꿈될 수 있도록 지원을 아끼지 않아야 합니다. 이 과정에서 중소기업, 소상공인, 노동자를 비롯하여 저소득층 등 기후 취약계층에 대한 특별한 배려도 해야 합니다. 기존에 노동자 지원에 초점을 두고 있는 정의로운 전환 어젠다는 모두에게 공정한 사회를 구현하기 위한 공정전환(Just Transition)의 기치하에 좀 더 포괄적인 문제를 다룰 수 있도록 해야 합니다.

마지막으로, 우리는 좁은 국토 면적에 많은 인구와 천연자원이 없거나 많이 부족합니다. 세계를 바라보면서 우리 내부의 노력을 할 때만이 그동안 우리가 이뤄온 한강의 기적을 계속 이어갈 수 있습니다. 파리협정 체제라는 글로벌 기후변화 대응 헌법을 잘 활용하는 것이 그래서 필요합니다. 당장 위에서 추진하려는 우리 국내의 노력은 파리협정의 국가결정기여(NDC)에 잘 포함이 되고, 또 국제적으로 활용을 해야 합니다.

개도국은 미래의 시장입니다. 이들의 기후변화 대응과 경제성장은 산림, 농업 등 우리가 70년대 경제성장을 할 때 중점을 두었던 분야들에 집중하고 있습니다. 개도국의 국내 사정에 맞는 우리의 장점을 활용한 협력을 통해서 새로운 해외 일자리를 창출할 필요가 있습니다. 녹색 ODA도 이런 맥락에서 잘 활용되어야 합니다. 기후변화 분야 개도국 해외 투자는 아직 정부의 도움이 많이 필요합니다.

선진국과의 협력도 좀 더 체계적으로 추진해서 우리가 줄 것은 주고, 받을 것은 받으면서 이뤄져야 합니다. 중동 국가와의 협력은 우리의 기술과 중동의 재원을 결합한 글로벌 솔루션을 만들어 낼 수 있는 기반이 될 수 있습니다. 이러한 기후변화의 글로벌 협력은 파리협정에서 국가 간의 협력을 인정한 소위 파리협정 제6조 기반 국외감축의 전략적 추진을 통해서 가능합니다. 세계는 우리를 바라보고 있고, 우리는 국내에서의 성취를 바탕으로 세계의 바람에 응답해야 합니다.

유엔을 상대로, G7과 G20을 상대로, 글로벌녹색성장연구소(GGGI), 녹색기후기금(GCF), 아시아산림협력기구(AFoCO) 등 우리나라에 본부를 두고 있는 국제기후기구를 상대로 국제사회의 표준을 만들어 갈 수 있는 리더십을 발휘해야 합니다. 글로벌 어젠다인 기후변화 대응을 통해서 북한과도 협력을 하고, 한중일 간에 협력체를 만들고, 인도태평양 지역에서 국가들과의 협력을 주도해야 합니다.

국내에만 몰입하는 좁은 시각에서 벗어나서 국내에서의 신 기후산업의 활성화를 바탕으로 이를 활용하여 글로벌 공공재인 기후변화 대응을 위한 글로벌 협력과 새로운 시장개척과 일자리 창출하면서 선진국과 개도국의 기후변화 대응을 함께 이끌어 가는 국제사회를 이끄는 모범국가 대한민국을 이루는 것이, 사단법인 인구와기후그리고내일(PACT)을 통한 기후변화 대응의 최종 목표입니다.

사단법인 인구와기후그리고내일(PACT) 이사장

국회의원 나경원

약어ABBREVIATION

약자	영문	국문
AFOLU	Agriculture, Forestry and Other Land Use	농업·임업 및 기타 토지이용
AI	Artificial Intelligence	인공지능
AU	African Union	아프리카 연합
BIL	Bipartisan Infrastructure Law	초당적 인프라법 → 인프라투자 및 일자리법
BR	Biennial Report	격년보고서
BSR	Business for Social Responsibility	사회적 책임을 위한 기업들
BTR	Biennial Transparency Report	격년투명성보고서
BUR	Biennial Update Report	격년갱신보고서
C40	Cities Climate Leadership Group	도시기후리더십그룹
CBAM	Carbon Border Adjustment Mechanism	탄소국경조정제도
CBDR	Common But Differentiated Responsibilities	공동의 그러나 차별화된 책임
CCS	Carbon Capture and Storage	탄소 포집 및 저장
CCUS	Carbon Capture Utilization and Storage	탄소 포집 활용 및 저장
CDC	Colonial Development Corporation	식민개발공사
CDM	Clean Development Mechanism	청정개발체제
CDP	Carbon Disclosure Project	탄소정보공개프로젝트

약자	영문	국문
CDR	Carbon Dioxide Removals	이산화탄소 흡수 · 제거
CNCA	Carbon Neutral Cities Alliance,	탄소중립 도시동맹
COP	Conference of the Parties	당사국 총회
CTCN	Climate Technology Center and Network	기후기술센터네트워크
DAC	Development Assistance Committee	개발원조위원회
DER	Distributed Energy Resources	분산형 에너지원
DFIs	Development Finance Institutions	개발금융기구
ECA	Export Credit Agencies,	수출금융
e-Fuel	electro-fuel	전자 연료 (e-연료)
EGDIP	European Green Deal Investment Plan	유럽 그린딜 투자계획
ETF	Enhanced Transparency Framework	강화된 투명성 체계
ETS	Emission Trading System	배출권 거래제
EU	European Union	유럽연합
FMCP	Facilitative, Multilateral Consideration of Progress	촉진적 다자 검토
G20	The Group of Twenty	주요 20 개국
G7	The Group of Seven	주요 7 개국
GCC	Gulf Cooperation Council	걸프협력회의
GCF	Green Climate Fund	녹색기후기금
GEF	Global Environment Facility	지구환경기금
GGGI	Global Green Growth Institute	글로벌녹색성장연구소
GHG	Greenhouse Gas	온실가스
GST	Global Stocktagke	전 지구적 이행점검

약자	영문	국문
HVAC	Heating, Ventilation, and Air Conditioning	난방, 환기 및 공조
IEA	International Energy Agency	국제에너지기구
IFC	International Finance Corporation	국제금융공사
IFRS	International Financial Reporting Standard	국제회계기준
IIJA	Infrastructure Investment and Jobs Act	인프라투자 및 일자리법
ILO	International Labor Organization	국제노동기구
IMF	International Monetary Fund	국제통화기금
IoT	Internet of Things	사물인터넷
IPCC	Intergovernmental Panel on Climate Change	기후변화에 관한 정부 간 협의체
IRA	Inflation Reduction Act	인플레이션 감축법
ISSB	International Sustainability Standard Board	국제지속가능성기준위원회
ITMOs	International Transferred Mitigation Outcomes	국제적으로 이전된 감축실적
JI	Joint Implementation	공동이행제도
JTF	Just Transition Fund	정의로운 전환기금
JTM	Just Transition Mechanism	정의로운 전환메커니즘
JTP	Just Transition Platform	정의로운 전환 플랫폼
KSSB	Korea Sustainability Standard Board	지속가능성기준위원회
K-Taxonomy	Korea Taxonomy	한국형 녹색분류체계인
LDC	Least Developed Countries	최빈개도국
LEDS	Long-term low greenhouse gas Emission Development Strategies	장기저탄소발전전략
LEED	Leadership in Energy and Environmental Design	친환경건축물 인증제도

약자	영문	국문
LULUCF	Land Use, Land-Use Change and Forestry:	토지이용, 토지이용변화 및 임업
MENA	Middle East and North Africa	중동 및 북아프리카
NC	National Communication	국가보고서
NCQG	New Collective Quantified Goal on Climate Finance	기후 금융에 관한 신규 집단적 정량화 목표
NDC	Nationally Determined Contribution	국가결정기여
ODA	Official Development Assistance,	공적개발원조
OECD	Organization for Economic Cooperation and Development,	경제협력개발기구
OIMP	Other International Mitigation Purpose	다른 국제 감축 목적
P4G	Partnering for Green Growth and the Global Goals 2030	녹색성장과 2030 글로벌 목표를 위한 연대
PPA	Power Purchase Agreement	전력 구매 계약
PSI	Private Sector Instruments	민간금융수단
RE100	Renewable Electricity 100	재생에너지 100%
REBA	Renewable Energy Buyer's Alliance	재생에너지구매자연합
REDD+	Reducing Emissions from Deforestation and forest degradation, and the role of conservation, sustainable management of forests and enhancement of forest carbon stocks in Developing countries	개발도상국의 산림전용과 산림황폐화로 인한 배출 감축 및 산림보전, 지속가능한 산림경영, 산림탄소축적 증진 활동
SAF	Sustainable Aviation Fuel	지속가능한 항공 연료
SII	Social Impact Investment	지속가능한 개발을 위한 임팩트 투자
SSP	Shared Socioeconomic Pathways	공통사회경제경로
TCFD	Task Force on Climate-related Financial Disclosures	기후관련 재무 정보공개 태스크포스

약자	영문	국문
TEC	Technology Executive Committee	기술집행위원회
TEMM	Tripartite Environment Ministers Meeting among Korea, China and Japan	한중일 환경 장관회의
UNASUR	Unión de Naciones Suramericanas	남미 국가 연합
UNEP	United Nations Environment Programme	유엔환경계획
UNFCCC	United Nations Framework Convention on Climate Change	유엔기후변화협약
VNR	Voluntary National Review	자발적국가검토보고서
WMO	World Meteorological Organization	세계기상기구
WTO	World Trade Organization	세계무역기구
WWF	World Wide Fund For Nature,	세계자연기금

참고
문헌

국문

김기평(2022), "개발금융기관의 재원 효율성에 관한 실증 연구", 한양대학교
　　박사논문.

김보람(2023), "독일의 탈선탄과 정의로운 전환 논의의 발전과정과 특징",
　　기후변화법제 이슈페이퍼.

김현국(2022), "EU 택소노미 동향과 국내 시사점", 이슈와 시선, 에너지경제
　　연구원.

국립산림과학원(2023), 『파리협정 제6조와 산림 이해하기』, 국립산림과학원.

국토교통부(2023), 『교통부문 수송실적보고』, 2023.

공우석(2017), 『기후변화와 생태계』, 지오북.

녹색기술센터(2016), 『기후변화에 대응하는 한국의 기후기술』, 녹색기술센터.

대한민국 정부(2023), 『탄소중립 녹생성장 국가전략 및 제1차 국가 기본계획』.

딜로이트 고객산업본부(2022), "기후기술과 수소경제의 미래", Deloitte Insights
　　No. 2.

문진영·나승권·이성희·김은미(2018), 『국제사회의 기후변화 대응 인프라
　　투자와 한국의 정책과제』, 대외경제정책연구원(KIEP) 연구보고서 18－07.

박경석 외(2011), 「북한 산림복구 지원·협력을 위한 국제기구 활용방안」,
　　서울: 국립산림과학원.

박덕영·유연철 외(2020), 『파리협정의 이해』, 박영사.

법무법인 화우(2023), "K-Taxonomy 가이드라인 최종 개정안 발표".

법제처 법제교류협력담당관실(2023), "월간 북합법제 통향: 북한의 환경정책과 환경법제", 남북법제소식.

산림청(2021), 「알고보면 쓸모있는 REDD$^+$ 이모저모 설명집」, 대전: 산림청.

산림과학원(2022), 「기후위기와 남북산림협력: 북한 REDD$^+$와 사업의 효과」.

성민규·박창대(2022), 『新기후체제 시대 기후변화 적응 R&D의 주요 이슈 및 정부 R&D 투자방향 제언』, 한국과학기술기획평가원(KISTEP), 이슈페이퍼 336호.

송지혜(2019), "지속가능금융 정책 현황과 시사점: EU 사례를 중심으로", KIEP 연구보고서, 대외경제정책연구원.

이경희(2023), 한국의 NDC 이행을 위한 파리협정 제6.2조에 기반한 남북 협력 연구. 서울: 한국수출입은행 북한개발연구센터.

앨 고어(김명남 옮김)(2008), 『불편한 진실』, 좋은생각사람들.

외교부(2017), 기후변화 길라잡이.

외교부(2021), 기후환경외교편람.

자본시장연구원(2022), 『자발적 탄소시장의 동향과 시사점』, 자본시장연구원.

정서용(2013), 『글로벌 기후변화 거버넌스와 국제법』, 박영사.

정민정(2014), "2020년 이후 기후변화체제를 규율하는 기본문서의 내용과 국제법적 성격," 국제법학회 논총 제59권 제1호.

정지원, 정서용 외 3인(2022), 『국외감축을 활용한 NDC 이행방안과 주요 정책과제』, 대외정책연구원.

전의찬 외(2016), 『기후변화: 27인의 전문가가 답하다』, 지오북.

정진영 외(2019), 『기후변화의 과학과 정치』, 경희대학교 출판문화원.

한국수출입은행(2017). "SDGs 달성을 위한 민간재원 동원: 혼합금융 지원 수단 및 구조화 기법", ECDF 이슈페이퍼 제6권 제1호.

한국에너지공단(2023), 『2023 자동차 에너지소비효율 분석집』.

환경부(2022), 「파리협정 함께보기」, 세종: 환경부.

환경부(2021),「한국형 녹색분류체계 가이드라인」, 세종: 환경부.

IPCC(기상청 번역)(2007), IPCC 제4차 평가보고서.

IPCC(기상청 번역)(2023), IPCC 제6차 평가보고서.

영문

Bechtel, Michael M., Kenneth F. Scheve & Elisabeth van Lieshout(2022). "Improving Public Support for Climate Action through Multilateralism."Nature Communications, 13.

Caney, Simon(2022). "Global Climate Governance, Short−Termism, and the Vulnerability of Future Generations." Ethics & International Affairs, 36, 137−155.

Cao, Ping, Xiaoxiao Li, Yu Cheng, and Han Shen. (2022). "Temporal−Spatial Evolution and Driving Factors of Global Carbon Emission Efficiency." International Journal of Environmental Research and Public Health, 19.

Chung, Suh−Yong ed. (2013),『Post 2020 Climate Change Regime Formation』, Routledge.

Cuff, Madeleine. (2023). "Exxon Scientists in the 1970s Accurately Predicted Climate Change." New Scientist.
https://www.newscientist.com/article/2354492−exxon−scientists−in−the−1970s−accurately−predicted−climate−change/ (검색일: 2024.7.4.)

Delegation of the EU to the Russian Federation. (2021.2.11.). "G20 Leaders Commit to 1.5 Degree Climate Target."
https://www.eeas.europa.eu/delegations/russia/g20−leaders−commit−15−degree−climate−target_en?s=177 (검색일: 2024.7.4.)

DPRK(2021), 2021 Voluntary National Review.

de Coninck, H., & Sagar, A. D(2015). "Technology development and transfer (Article 10)," in Klein, D., et al. (Eds.), The Paris Agreement on Climate Change: Analysis and Commentary. Oxford University Press.

European Parliament. (2023). "The Concept of 'Climate Refugee' towards a Possible Definition." https://www.europarl.europa.eu/RegData/etudes/BRIE/2018/621893/EPRS_BRI(2018)621893_EN.pdf(검색일: 2024.7.4.)

Herzer, D(2024). "Private R&D, environmental policy, and greenhouse gas emissions," Economics of Innovation and New Technology.

Hodgson, Robert(2024). "Net Zero Industry Act sign-off heralds carbon capture deployment," May 27, 2024, EuroNews, https://www.euronews.com/green/2024/05/27/net-zero-industry-act-sign-off-heralds-carbon-capture-deployment.

Hong, T., Taylor-Lange, S. C., D'Oca, S., Yan, D., & Corgnati, S. P(2016), "Advances in research and applications of energy-related occupant behavior in buildings." Energy and Buildings, Vol. 116.

International Energy Agency(IEA), 『Transition to Sustainable Buildings – Strategies and Opportunities to 2050』, IEA(2013).

International Energy Agency, Energy Prices and Taxes Statistics, 2024.

IPCC(2018), Summary for Policymakers. In: Global Warming of 1.5°C. An IPCC Special Report on the impacts of global warming of 1.5°C above pre-industrial levels and related global greenhouse gas emission pathways, in the context of strengthening the global response to the threat of climate change, sustainable development, and efforts to eradicate poverty [Masson-Delmotte, V., P. Zhai, H.-O. Pörtner, D. Roberts, J.

IPCC(2019), Summary for Policymakers. In: Climate Change and Land: an IPCC special report on climate change, desertification, land degradation, sustainable land management, food security, and greenhouse gas fluxes in terrestrial ecosystems [P.R. Shukla, J. Skea, E. Calvo Buendia, V. Masson−Delmotte, H.− O. Pörtner, D. C. Roberts, P. Zhai, R. Slade, S. Connors, R. van Diemen, M. Ferrat, E. Haughey, S. Luz, S. Neogi, M. Pathak, J. Petzold, J. Portugal Pereira, P. Vyas, E. Huntley, K. Kissick, M. Belkacemi, J. Malley, (eds.)]. https://doi.org/10.1017/9781009157988.001

Marsh, Alastair(2024), "Climate Tech's Dangerous Trek Across the 'Valley of Death'," July 3, 2024, BNN Bloomberg, https://www.bnnbloomberg.ca/climate−tech−s−danger−ous−trek−across−the−valley−of−death−1.2092442.

NCCE(2012). "2012 DPR KOREA'S SECOND NATIONAL COMMUNICATION ON CLIMATE CHANGE." Pyongyang.

OECD, 『Investing in Climate, Investing in Growth』, OECD(2017).

OECD, 『Climate Finance Provided and Mobilised by Developed Countries in 2013−2022』, OECD(2024).

Outcome of Global Stocktaking, Decision−/CMA.5(Advance unedited ver−sion), "Global Stocktaking", https://unfccc.int/documents/636584, 2024.6.30.

Pauw, P., Klein, R. J., Vellinga, P., & Biermann, F (2016), Private finance for adaptation: Do private realities meet public ambitions? Climatic Change, Vol. 134(4).

Rijal, Najamuddin Khairur(2021). "The Role of Global Civil Society at the Local Level in Climate Change Mitigation: A Case Study of Earth Hour's Activities in Malang."Global: Jurnal Politik Internasional.

Stockholm Environment Institute, Designinign a Loss and Damage Fund for the UNFFF Warsaw International Mechanism, "SEI, Loss and Damage", https://www.sei.org/projects/designing−a−loss−and−damage−fund/,

2024.6.30.

Schmidta, Klaus M. & Axel Ockenfelsd Schmidt(2021). "Focusing Climate Negotiations on a Uniform Common Commitment Can Promote Cooperation." Proceedings of the National Academy of Sciences of the United States of America, 118.

Schwab, Klaus(2017). The Fourth Industrial Revolution. New York: Currency Books.

Skea, P.R. Shukla, A. Pirani, W. Moufouma−Okia, C. Péan, R. Pidcock, S. Connors, J.B.R. Matthews, Y. Chen, X. Zhou, M.I. Gomis, E. Lonnoy, T. Maycock, M. Tignor, and T. Waterfield (eds.)]. Cambridge University Press, Cambridge, UK and New York, NY, USA, pp. 3−24. https://doi.org/10.1017/9781009157940.001.

UNFCCC REDD$^+$ 웹 플랫폼, REDD$^+$, http://redd.unfccc.int.

UNFCCC(1992), United Nations Framework Convention on Climate Change.

UNFCCC(2015), Paris Agreement.

UNFCCC(2022), Reference Manual for the Enhanced Transparency Framework under the Paris Agreement.

UNFCCC, Global Stocktaking, "Glabal Stocktaking", https://un−fccc.int/topics/global−stocktake.

UNFCCC, Fund for responding to loss and damage, "Loss and Damage", https://unfccc.int/loss−and−damage−fund−joint−interim−secretariat? gad_source=1&gclid=CjwKCAjwhIS0BhBqEiwADAUhc06J20UsBb40BZf PiK5ZUw−ZxWE98nK86xtNO26C4ael4hPLrTtt4BoCMY8QAvD_BwE.

UNFCCC, Article 6 _Cooperative Implementation, "Article 6 of the Paris Agreement",
https://unfccc.int/process/the−paris−agreement/cooperative−imple−

mentation.

Vermeulen, S. J., Campbell, B. M., & Ingram, J. S(2012), "Climate change and food systems," Annual Review of Environment and Resources, Vol. 37.

World Economic Forum. "The Fourth Industrial Revolution, by Klaus Schwab." https://www.weforum.org/about/the−fourth−industrial−re−volution−by−klaus−schwab/ (검색일: 2024.7.4.)

Wamsler, Christine, Niko Schäpke, Carolin Fraude, Dorota Stasiak, Thomas Bruhn, Mark Lawrence, Heike Schroeder, and Luis Mundaca(2020), "Enabling New Mindsets and Transformative Skills for Negotiating and Activating Climate Action: Lessons from UNFCCC Conferences of the Parties."Environmental Science & Policy, 112, 227 − 235. https://doi.org/10.1016/j.envsci.2020.06.005.

Woertz, Eckart & Martin Keulertz(2015), Conference Summary: Tropical Agriculture as 'Last Frontier'? Food Import Needs of the Middle East and North Africa, Ecological Risks and New Dimensions of South−South Cooperation with Africa, Latin America and South−East Asia(Barcelona, 29‒30 January 2015). International Journal of Water Resources Development, 31, 785 ‒ 789.

World Bank, 『State and Trends of Carbon Pricing 2023』(2023).

World Resources Institute (WRI), 『Accelerating building efficiency − Eight actions for urban leaders』, WRI(2016).

World Resources Institute (WRI), 『Creating A Sustainable Food Future − A Menu of Solutions to Feed Nearly 10 Billion People by 2050』, WRI\(2019).

World Bank, 『Future of food : Shaping A Climate−smart Global Food System』, World Bank(2015).

기타

「기후위기 대응을 위한 탄소중립·녹색성장 기본법」.

"기후변화로 잃어버린 명태의 전설", 데일리임팩트(2023.3.8.)

"기후 위기는 먹거리 지도 어떻게 바꿨나?", MBN(2024.5.28.)

기후총회 Q&A, 손실과 피해 누가 뭘 보상하나, 연합뉴스(2022.11.21.)

정서용, 기업의 국제탄소시장 활용방법, 에너지경제신문(2023.10.30.)

2050 탄소중립 녹색성장 위원회, 온실가스 국제감축 사업 국내 이행체계
    구축, 보도자료(2022.8.2.)

Damian Carrington, Chasm between climate action and scientific reality
    laid bare in the UN stocktake, The Guardian(2023.8.9.)

TCFD 웹사이트, https://www.fsb−tcfd.org(2024.6.5)

한국사회책임투자포럼 웹사이트, https://kosif.org(2024.5.5)

IFRS 웹사이트, https://www.ifrs.org(2024.5.17)

WE ARE STILL IN 웹사이트, https://www.wearestillin.com(2024.6.5)

C40 웹사이트, https://www.c40.org(2024.6.20)

CSDLAP, 국외감축세미나 시리즈 (동영상), "국외감축",
    https://www.youtube.com/channel/UCPEiPur8fSemUJOwOclQfLA(2024.6.30.)

CNCA 웹사이트, https://carbonneutralcities.org(2024.6.20)

이클레이 웹사이트, https://www.icleikorea.org(2024.6.15)

FMO 웹사이트, https://mff.fmo.nl(2024.7.14.)

집필진 소개

나경원

제17, 18, 19, 20, 22대 국회의원
前 대통령직속 저출산고령사회위원회 부위원장
前 기후환경대사

김용건

연세대학교 국제대학원 교수
前 온실가스종합정보센터 센터장
前 한국환경연구원 기후대기연구본부장

신각수

니어재단 부이사장
前 외교통상부 차관
前 주일본 대한민국 대사

심상민

카이스트 녹색성장지속가능대학원 초빙교수
서울국제법연구원 연구기획 부원장
前 아산정책연구원 연구위원

유연철

유엔글로벌콤팩트 한국협회 사무총장
前 외교부 기후변화대사 및 주쿠웨이트 대사
前 환경부 국제협력관

이경희

한국수출입은행 북한개발연구센터 책임연구원
2050 탄소중립녹색성장위원회 전문위원
前 세계자연기금 기후에너지(WWF) 과장

임은정

국립공주대학교 국제학부 교수
통일부 정책자문위원
前 한국원자력통제기술원(KINAC) 비상임이사

정서용

고려대학교 국제대학 국제학부 교수
(재) 서울국제법연구원 원장 겸 동 연구원 기후환경법정책센터(CSDLAP) 소장
前 글로벌녹색성장연구소(GGGI) 이사

PACT 총서 시리즈 II

끓는 지구 살리기, 내일을 바꿀 기후행동

초판발행	2024년 9월 5일
지은이	나경원·김용건·신각수·심상민·유연철·이경희·임은정·정서용
펴낸이	안종만·안상준
편 집	탁종민
기획/마케팅	허승훈
표지디자인	이수빈
제 작	고철민·김원표
펴낸곳	(주) **박영사**
	서울특별시 금천구 가산디지털2로 53, 210호(가산동, 한라시그마밸리)
	등록 1959. 3. 11. 제300-1959-1호(倫)
전 화	02)733-6771
f a x	02)736-4818
e-mail	pys@pybook.co.kr
homepage	www.pybook.co.kr
ISBN	979-11-303-2092-2 94330
	979-11-303-2089-2(세트)

정 가   17,000원